Lust
auf
Leben

Carmen Maria Poller

Lust auf Leben

Endlich eins mit mir

Ellert & Richter Verlag

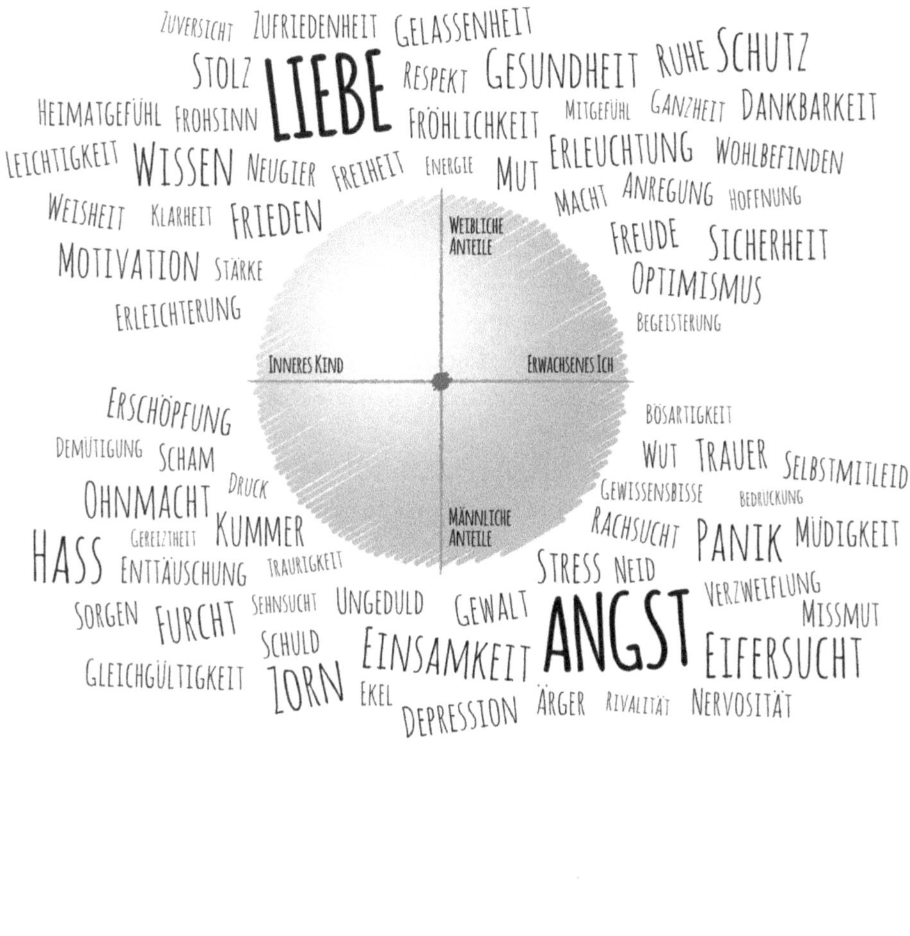

Weibliche Anteile
Inneres Kind
Erwachsenes Ich
Männliche Anteile
Zuversicht
Zufriedenheit
Gelassenheit
Stolz
Liebe
Respekt
Gesundheit
Ruhe
Schutz
Heimatgefühl
Frohsinn
Fröhlichkeit
Mitgefühl
Ganzheit
Dankbarkeit
Leichtigkeit
Wissen
Neugier
Freiheit
Energie
Mut
Erleuchtung
Wohlbefinden
Weisheit
Klarheit
Frieden
Macht
Anregung
Hoffnung
Motivation
Stärke
Freude
Sicherheit
Optimismus
Erleichterung
Begeisterung
Erschöpfung
Bösartigkeit
Demütigung
Scham
Wut
Trauer
Selbstmitleid
Druck
Ohnmacht
Gewissensbisse
Bedrückung
Kummer
Rachsucht
Panik
Müdigkeit
Hass
Gereiztheit
Enttäuschung
Traurigkeit
Stress
Neid
Sorgen
Furcht
Sehnsucht
Ungeduld
Gewalt
Angst
Verzweiflung
Missmut
Schuld
Einsamkeit
Eifersucht
Gleichgültigkeit
Zorn
Ekel
Depression
Ärger
Rivalität
Nervosität

Durch meine tiefste Seele zieht
mit Nasenflügelbeben
ein ungeheurer Appetit
nach Frühstück und nach Leben.

Joachim Ringelnatz

Meine lieben Leser(innen),

ich habe ein paar Jahrzehnte gebraucht, um herauszufinden, was uns wirklich im Kern glücklich macht und ein reiches, erfülltes Leben verspricht. Ich habe unzählige Bücher gelesen, einige selbst geschrieben, Tausende aufwühlende Gespräche geführt, gecoacht, trainiert und beraten – alles, damit Menschen wie Sie und ich in ihre Kraft finden und ein selbstbewusstes Leben führen können. Doch erst vor Kurzem habe ich die wahrhaftige Essenz entdeckt und das Geheimnis gelüftet, wie es uns in der Tiefe gelingen kann, uns so anzunehmen, wie wir sind, uns als gut (genug) zu erleben. Wie es sich anfühlt, mit sich im Reinen zu sein, eins zu sein, ganz zu sein, sich einfach wohlzufühlen – eine tiefe Empfindung inneren Friedens, von Freude und Frei-atmen-Können, von Lebendigkeit und Leichtigkeit. So, als wäre alles schon da. Als würden wir gar nichts vermissen. Als wäre alles in uns. Ohne Abhängigkeiten und ohne Wohlwollen von außen.

Meine Lieben, auch auf die Gefahr hin, dass Sie mich jetzt komisch finden und zu spirituell angehaucht: Ich habe die Liebe gefunden. Oder besser gesagt, mich ihrer Reinheit erinnert und sie neu entdeckt. Die ursprüngliche Liebe zu mir selbst, zu anderen und zu dem Leben als Ganzes. So ähnlich, wie es eigentlich nur den Kleinsten glückt, unabsichtlich und bedingungslos, einfach so im puren Dasein.

In diesem Buch erzähle ich Ihnen, wie mir das gelungen ist und wie auch Ihnen das gelingen kann. Wenn Sie einmal dahintergekommen sind, dass Sie alle Schlüssel zu jeder Tür, die sich Ihnen öffnen will, bereits in sich tragen, dann werden Sie wahrscheinlich niemals wieder zweifeln, trauern und kämpfen. Entscheiden Sie sich für sich selbst und kommen Sie endlich nach Hause.

Das Buch ist in zwei Teile gegliedert, und jeder steht für sich eigenständig und aussagekräftig wie ein eigenes kleines Buch. Im ersten Teil, in dem ich vorwiegend aus meinem ureigenen Nähkästchen plaudere, geht es um die Essenz persönlicher Entwicklung, die in der Basis alles ausmacht und über Ihr Leben und Ihr Wohlbefinden entscheidet. Es ist die gewonnene Erkenntnis, dass wir weibliche und männliche Anteile in uns tragen, die beide gleichberechtigt unsere Liebe und unseren Respekt verdienen. Es ist das Wissen darum, wie wichtig es ist, seine Ursprungswunden aufzudecken und alte Vorwürfe endgültig loszulassen. Sie werden erfahren, warum es sich lohnt, die weibliche Energie zu reaktivieren, und wie gut es sich anfühlen kann, die ureigene männliche Kraft für eigene Zwecke zu nutzen. Sie werden verinnerlichen, wie beglückend die natürliche Ausgewogenheit von Yin und Yang, von weiblich und männlich, sein kann.

Der zweite und umfassendere Teil bietet Ihnen die Möglichkeit, noch tiefer in die Dynamik von krank machenden Gefühlen und Verhaltensmustern einzusteigen. Ich lege Ihnen zehn selbstbewusste Entscheidungen ans Herz, die Ihr Leben von Grund auf verändern können. Sie erhalten konkrete Tipps, Methoden und Übungen, wie Sie Ihre eigene Diagnose stellen und psychosomatisch in die Heilung gehen können.

Meine persönlichen Erfahrungen, meine Recherche, mein Wissen, all die Erkenntnisse, die Sie in diesem Buch finden, zeigen sich ebenso in den großen Religionen, in den modernen Wissenschaften und in den spirituellen Bewegungen. Es ist eine Verbindung, eine gute Mischung aus alt und neu. Von schwarz und weiß. Von westlichem Wissen und fernöstlicher Weisheit. Von weiblicher und männlicher Energie. Von Liebe und Freude. Alles ist eins und miteinander verbunden.

Haben Sie viel Freude beim Lesen und lassen Sie mich gern wissen, welche persönlichen Erfahrungen Sie mit Ihrem gewählten Mann und Ihrer gewählten Frau sowie mit dem Mann und der Frau in Ihnen gemacht haben.

Teil I

Der Mann
in mir ist
Jungfrau –
endlich
eins mit mir

Die männliche Energie
ist eine wundervolle Kraft,
die mit einem festen Charakter
und einem moralischen Kompass
gekoppelt für Wachstum
und Fortschritt sorgt.

Die weibliche Energie
ist ein kraftvolles Wunder,
das mit Weisheit, Liebe
und spiritueller Intelligenz für
Freiheit und Frieden sorgt.

Weiblich ausgeglichen

=

Absichtslosigkeit und Selbstvergessenheit

Männlich ausgeglichen

=

Fokus und Begeisterung

Weiblich unausgeglichen

=

Trägheit und Depression

Männlich unausgeglichen

=

Getriebenheit und Aggression

Scheinbar friedlich unterwegs

Kennen Sie das Gefühl, jeden Morgen von einem Lichtstrahl geweckt zu werden? Oder jeden Morgen mit einem fröhlichen Lied zu beginnen? Es ist ein Gefühl von tiefer Dankbarkeit, das uns ermöglicht, jeden neuen Tag als Geschenk zu betrachten und anzunehmen. Ach, wie ist es schön, am Leben zu sein. Schön, einfach nur da zu sein.

Ich schreibe dieses Buch und weiß genau, dass ein Zustand der Glückseligkeit nicht gerade zu unserer täglichen Normalität zählt. Ich bin mir allerdings auch sicher, dass die wenigsten von uns wirklich schwere und völlig aus der Bahn werfende Schicksalsschläge verdauen müssen. Und trotzdem sind Zustände der Zufriedenheit und Fülle eher selten, und Gefühle von Getriebenheit und Mangel stehen häufig an der Tagesordnung. Viel zu oft plagen uns Sorgen, Ängste und Kummer, und viel zu oft fühlen wir uns leer, einsam und ausgebrannt. Wir lassen unser Leben durch andere und durch äußere Gegebenheiten bestimmen. Manchmal sogar durch Beziehungen, die uns nicht mehr guttun, oder Jobs, die wir eigentlich verachten. Wir sind angewiesen auf Spaß, Unterhaltung, Zerstreuung, Anerkennung, Bestätigung, Abwechslung, auf Angebote im Außenbereich und Dinge, die wir tun können, damit wir diese innere Leere nicht spüren müssen. Diese Leere, die auftaucht, wenn nichts passiert, wenn keiner da ist, wenn nichts zu tun ist, wenn keine Pflichten und Herausforderungen zu erwarten sind. Wer bin ich, wenn ich einfach nur bin? Wie kann ich dann Freude empfinden?

Kennen Sie das Peace-Zeichen, das Symbol für Frieden? Diesen kleinen Anhänger mit Kettchen kaufte ich mir vor einiger Zeit, nachdem ich mich nach 25 Jahren kurz vor der Silberhochzeit aus meiner Ehe verabschiedet hatte. Wenn eine Ehe in die Brüche geht, gibt es viele Gründe für Enttäuschungen, Kränkungen, Veränderungen von Werten und Lebensmodellen – auf beiden Seiten. Es gibt viele unerfüllte Erwartungen, und mindestens einer von beiden ist auf der Suche nach einem Schuldigen. Aber es gibt keinen Schuldigen, die Schuldfrage stellt sich bei einer Trennung nicht. Es handelt sich lediglich um zwei erwachsene Menschen, die sich eigenverantwortlich verhalten, manchmal auch vollkommen unbewusst. Und doch ist eine solche Trennungsphase häufig eine Zeit voller Vorwürfe, Zweifel und schnell gefällter Urteile. Die Partner gehen meist mit sich selbst und dem anderen hart ins Gericht. Alte Dinge werden immer wieder durchgekaut und unschöne Erinnerungen auf den Tisch gebracht. Bei manch einem Paar geht es leidenschaftlich zur Sache, ein anderes sitzt sich wortkarg gegenüber, mit dem Wissen, sich auf irgendeine Weise auseinandergelebt zu haben. Manchmal ist die Liebe einfach weg, und manchmal weiß man nicht, wann genau sie da war. Oder was genau eigentlich da war. Auf jeden Fall geht eine Sache zu Ende, und im besten Fall ist dann auch alles vergeben und vergessen. Sie kennen sicher das Wort „Altlasten", das nichts anderes aussagt, als dass ein Mensch noch immer von seinen gewohnten Gefühlen und Glaubensmustern beendeter Beziehungen abhängig ist.

In meinem speziellen Fall, natürlich mit der Gewissheit meiner psychologischen Kenntnisse und meiner Erfahrung als Coach für mehr Selbstbewusstsein und Resilienz, war ich davon überzeugt, belastende Gefühle hinreichend losgelassen zu haben. Welch ein Irrtum! Was für eine Selbsttäuschung!

Den kleinen Anhänger trage ich übrigens immer noch, denn er dient mir als Symbol für meinen inneren Frieden. Denn nur, wenn ich mit mir selbst in Einklang bin, kann ich das auch mit anderen sein, und auf diese Weise ein klitzekleines Stückchen zum Weltfrieden beitragen.

Ich startete also mein eigenes und neues Leben in Freiheit und dem Glauben, die gröbsten Belastungen und den meisten Stress losgelassen zu haben. Ich fühlte mich leicht, gesund und munter, und war meilenweit entfernt von dem Gedanken, mir einen neuen Mann zuzulegen oder mich in eine weitere verbindliche Beziehung zu stürzen. Es fühlte sich gut an, in etwa so, als würde einem ein Stein vom Herzen fallen. Ich ertappte mich immer öfter dabei, wie ich bei meinen Spaziergängen mit dem Hund ein Liedchen flötete, genauso wie auf dem Weg zur Arbeit vor dreißig Jahren, als ich frei und ungebunden war.

Meine Partnerschaft hatte Höhen und Tiefen wie wahrscheinlich jede Beziehung, und der Mensch, den ich vor Jahren gewählt hatte, war unter den damaligen Gesichtspunkten der scheinbar richtige für Nestbau und Familienzeit. Er gehörte zu mir, in meinen stark beschützten Vertrauenskreis, indem nur enge Familienmitglieder und ein bis zwei Freunde Platz finden. Leicht und mühelos hatten sich diese Jahre allerdings nicht angefühlt, eher schwer und belastend. Und wenn ich meine Ehe mit nur einem Wort rückblickend beschreiben müsste, dann würde ich sagen: anstrengend!

Es war einfach fürchterlich anstrengend, diese vielen Auseinandersetzungen, Unterschiedlichkeiten und Zerwürfnisse, und sicher hätte es tausend Gründe gegeben, es früher zu beenden, doch mein Wunsch nach Verbundenheit und Zugehörigkeit war stärker. Während ich im geschäftlichen Bereich schnell entschlossen und entschieden bin, trage ich mich mit persönlichen Entscheidungen lange Zeit, manchmal viele Jahre herum. Wenn ich mich dann schließlich durchringe, gibt es allerdings auch keine faulen Kompromisse mehr, und ich mache mich freimütig auf den Weg mit den Worten des Schriftstellers Hermann Hesse im Ohr: „Und jedem Anfang wohnt ein Zauber inne ..."

In diesem beherzten Zustand, mit Friedenszeichen um den Hals und der festen Absicht, Anstrengung zu vermeiden, spazierte ich durch mein neu entdecktes Leben voller Schwerelosigkeit. Ich schrieb mein erstes Buch zum Thema Starkes Selbst und es wurde veröffentlicht unter dem Titel „Gesundes Selbstbewusstsein: Stresskiller Nr. 1". Angereichert mit vielen motivierenden Interventionen und einem gesunden Geist versuchte ich, jedem Tag mit Freude und Wertschätzung zu begegnen. Ich war guter Dinge und arbeitete an mir, noch mehr in meine Kraft zu kommen. Und dann passierte es: Das Leben forderte mich, ohne dass ich jemals meine Erlaubnis gegeben hätte, nach und nach auf, immer mehr und mehr loszulassen. Das war herausfordernd und manchmal ziemlich schmerzlich. Ich ließ Abhängigkeiten los, Menschen und Situationen, Glaubensmuster, Überzeugungen, materielle Dinge, verkapselten Kummer, festsitzende Traurigkeit, alten Ärger, Tränen und vergangene Zeiten.

Natürlich nicht alles auf einmal und leider auch nicht ganz freiwillig. Es begann recht zaghaft und unauffällig, doch schließlich erreichte es ein Level, bei dem ich tief in mein Innerstes katapultiert wurde, um genau hinzuschauen, auf welchen alten Wunden noch immer Schorf lag, der bei jedem Ankratzen ein Bluten nach sich zog. Das war meine persönliche Heldinnenreise, auf der ich nicht nur, wie es in der Psychologie heißt, mein inneres Kind heilen, sondern auch meine weiblichen und männlichen Anteile in Einklang bringen konnte. Das Leben stellte mir eine Lernaufgabe nach der anderen, damit ich mich im „Loslassen" üben konnte, um zu meinem wahren Kern und bedingungsloser Liebe vorzurücken.

All das begann mit einer Begegnung, genauer gesagt, mit einem Mann, sprich mit einem Wesen, das nach meiner gut gereiften und selbstfürsorglichen Lebensdefinition allerhöchstens ein netter Bekannter hätte werden dürfen. Er begegnete mir zufällig bei einem Spaziergang und in der Folge immer öfter. Wahrscheinlich war es gar kein Zufall, sondern eine göttliche Führung, Karma, Schicksal oder was auch immer. Sie wissen ja, Karma ist eine Bitch. Und genauso entwickelte sich die ganze Sache. Mir war von Anfang an klar: Irgendetwas ist anders. Er war auffällig, sein Bewegungsmuster, seine Blicke, sein Verhalten. Ich fühlte mich getrennt und trotzdem angezogen. Er wirkte mir ähnlich und trotzdem ganz anders. Manchmal blieben wir stehen, um zu plaudern, ein anderes Mal schauten wir weg, als hätten wir nichts bemerkt. In meinem Kopf tobten tausend Dinge, die ich sagen wollte, doch die meisten behielt ich für mich. Wir hatten über ein paar Jahre mal mehr und mal weniger Kontakt, meist wenig, zumindest nicht in Echtzeit. Jetzt gar nicht mehr. Es war ein ständiges On und Off, ohne exakt beschreiben zu können, wovon eigentlich. Die meisten Dinge spielten sich nur im Kopf und im Herzen ab wie eine Art übersinnliches Verstehen auf einer ganz anderen Ebene. Doch in der Realität, im tatsächlichen Umgang miteinander, war von dieser erhöhten Ebene wenig zu spüren. Allzu oft verlor sich alles in Verwirrung und Belanglosigkeit.

Eine unschlagbare Fehlkommunikation, Missverständnisse, Missachtung und absolute Verschiedenheit bei gleichzeitiger Ähnlichkeit, Verbundenheit, Zartheit, Seelenverwandtschaft und Einmaligkeit. Diese Begegnung stellte für mich eine einzige Lernerfahrung dar. Geprägt von merkwürdigen Zeichen und wundersamen Synchronizitäten.

Ich glaubte ernsthaft, dieser Mann war mir geschickt worden, damit ich in Sachen Selbstbewusstsein die Meisterschaft gewann. Denn sowohl mein Selbstwertgefühl als auch das seinige wurden hart auf die Probe gestellt. Wir hatten beide unsere Verletzungen aus der Vergangenheit nicht verarbeitet, sondern nur vermauert. Wir fühlten uns beide im Grunde unseres Herzens klein und verwundbar. Doch nach außen zeigte jeder von uns sein gut poliertes Image und ein dickes Fell, das vor jeder Art von Übergriff beschützen sollte. Sie können mir glauben, als Expertin für ein gesundes Selbstbewusstsein geriet ich ungeheuerlich ins Straucheln, und die Frage, wer ich eigentlich wirklich bin und wie ehrlich das alles ist, stellte sich mir mehr als einmal. Und ich litt an Liebeskummer. Ohne Ende Liebeskummer.

Der Kontakt brach vor zwei Jahren gänzlich ab. Leider ohne ein klärendes Gespräch und warmherzige Worte, die das Unfassbare hätten beschreiben können. Bedauerlicherweise mit dem Nachgeschmack von falschem Stolz und Enttäuschung, weil niemand es gewagt hatte, seine Maske endgültig fallen zu lassen. Was bleibt, ist die Erinnerung an eine ganz besondere Begegnung, die mich auf seltsame Weise die Liebe lehrte.

Augenscheinlich war es die Begegnung mit einem Mann, wahrhaftig war es die tiefe Begegnung mit mir selbst. Denn während der gesamten Zeit war sein Verhalten wie eine Art Spiegel für mich. Vielleicht ein Seelenpartner, meine Zwillingsflamme oder meine Dualseele. Sie wissen nicht, was das ist? Dualseelen sind die jeweils ergänzenden Hälften einer einzigen Seele, die sich in zwei verschiedenen Körpern, also in zwei Menschen, manifestiert haben. Es besteht zwar eine unglaubliche

Anziehungskraft, aber im wahren Leben findet man sehr, sehr selten zusammen. Es ist eben kompliziert und ereignet sich jenseits jeglicher Rationalität.

Ich habe gelernt, dass Wissen nicht alles ist. Dass manche Dinge einem tiefen Gespür vertrauen. Dieser Intuition zu glauben und im Vertrauen zu bleiben, ist übrigens dem weiblichen Prinzip zugeordnet. Es gilt, dem Ruf der Seele zu folgen.

Wer bin ich? Und wer bin ich noch?

Um Ihnen das Thema so einfach wie möglich näherzubringen, lassen Sie mich eines vorweg sagen: Wenn ich von weiblichen und männlichen Anteilen, Energien oder auch Prinzipien spreche, möchte ich zu keinem Zeitpunkt eine Wertung vornehmen. Außerdem bedeutet es nicht automatisch, dass Frauen und Männer gemeint sind, oder die Zugehörigkeit zu einer speziellen Gruppe oder einem bestimmten Lebensstil vorausgesetzt wird. Sie können divers, androgyn oder homosexuell sein, was auch immer, wir alle vereinen weibliche und männliche Anteile in unserer Person, und die einzige Frage ist, ob diese in guter Balance sind und Sie sich in Ihrer Seele und Ihrem Körper zu Hause fühlen. Während Sie weiterlesen, bedenken Sie lediglich, dass ich aus der Sicht einer Frau schreibe und wahrscheinlich die Mehrheit der Leser weiblich und heterosexuell ist. Das heißt, der Einfachheit halber werde ich mich manchmal Stereotypen bedienen, und Sie übersetzen das Ganze dann entsprechend Ihrer speziellen Situation. Außerdem finden Sie weiter hinten im Buch, inhaltlich unter dem Punkt „Entscheidung 6“, weitere Ausführungen und Vertiefungen zum Thema des weiblichen und männlichen Prinzips.

Als Frauen sind wir dem weiblichen Prinzip meist näher, was allerdings nicht bedeutet, dass wir das auch genauso fühlen oder gar leben. Vielmehr können wir davon ausgehen, dass das weibliche Prinzip eine untergeordnete Rolle spielt und besonders in der westlichen Welt die männliche Energie bevorzugt wird. Doch lassen Sie mich zunächst einmal eine übersichtliche Unterteilung der Merkmale festlegen, sodass Sie für sich selbst eine erste Gewichtung und Analyse vornehmen können.

Vielleicht kennen Sie das Zeichen von Yin und Yang in einem geschlossenen Kreis. Yin, die schwarze Komponente, gilt als weiblicher Anteil, Yang hingegen ist weiß und steht für das männliche Prinzip. Es sind Begriffe aus der chinesischen Philosophie und stehen für entgegengesetzte und dennoch aufeinander bezogene duale Kräfte, die sich nicht bekämpfen, sondern ergänzen. Wenn wir das Leben als Zyklus betrachten, werden wir im Yin geboren (als Kinder sind wir stark im Sein und in der Absichtslosigkeit), entwickeln uns dann immer mehr ins Yang (das steht für die Tatkraft und für Ziele), um dann im Alter wieder mehr ins Yin zurückzukehren (in die Stille, Ruhe und Weisheit). Alles im Leben hat seinen Sinn, und wir folgen dem Fluss des Lebens, um uns möglichst harmonisch durch die verschiedenen Lebensphasen zu bewegen. Zu jedem Zeitpunkt ist es allerdings wichtig, dass diese polarisierenden Kräfte in uns im Einklang miteinander sind. Weder das weibliche noch das männliche Prinzip sollten auf der Strecke bleiben oder über die Mäßigung hinausschießen. Beide dürfen ihren sinnvollen Einsatz finden, ohne sich zu bekämpfen oder sich nach gesellschaftlichen Strömungen auszurichten. Die weibliche Energie scheint die weniger geschätzte in unserem Kulturkreis zu sein, weil das Yang meist stark mit Erfolg, Kraft und Wirtschaftlichkeit gleichgesetzt wird. Das männliche Prinzip ist nach vorne und oben ausgerichtet und bewegt sich linear, es steht für den Tag, die Sonne, für Aktivität, Kampf, Kontrolle, Fokussierung, Anspannung, Geist, Feuer, für das Schwert, für Grenzen, für das TUN. Dem männlichen Prinzip zu folgen, heißt, voranzugehen und sich in der Außenwelt zu orientieren. Das weibliche Element hingegen steht für das SEIN. Es bewegt sich in Kreisen, so wie ein Zyklus funktioniert und alles Leben einem Kreislauf unterliegt. Die weibliche Energie geht in die Tiefe und orientiert sich am Innenleben. Sie wird mit der Nacht und dem Mond verbunden, ist still, langsam und fließend. Sie steht für das Wasser, den Kelch, für Passivität, Gefühle, Entspannung, Erholung, Hingabe und das Loslassen. Die weibliche Kraft hat damit zu tun, Dinge annehmen zu können und dem Fluss des Lebens zu vertrauen. Sie fließt, verströmt sich und kann sich bei fehlendem Gegenpol verlieren. Die männliche Kraft wiederum hält Dinge fest, lehrt uns, unser Leben anzupacken und einzufordern, befeuert unseren Willen und unsere Tatkraft. Fehlt ihr der weibliche Gegenpol, kann sie sich verheizen, ausbrennen und zerstörerisch wirken.

Im Grunde genommen ist die ständige Wechselwirkung zwischen Anspannung (männlich) und Entspannung (weiblich) entscheidend und, wie wir es schaffen, in den für uns wichtigen Momenten entweder gespannt oder entspannt zu sein. Sollten Sie permanent Verkrampfungen und Muskelverspannungen plagen, machen Sie etwas verkehrt, und es gilt, die männliche Energie in den Ausgleich zu bringen und sich für die richtigen Werte starkzumachen. Angst und Kontrolle führen zu Verspannungen, und die weibliche Kraft des Vertrauens und Loslassens kann hier Wunder wirken. Ebenso kann ein aus der Form geratener Körper ein Zeichen dafür sein, die weibliche Energie auf eine gute Art auszubalancieren. Zum Beispiel, in dem durch die Aktivierung der männlichen Energie (in eigener Sache) wieder Gradlinigkeit, Ziele, Spannung und Struktur ins Leben gebracht wird.

Bei den verschiedenen Sportarten lassen sich diese Phänomene wunderbar beobachten: Eigentlich ist Yoga eine Bewegungsart, die den Körper wieder in seine Harmonie bringen soll, auf eine leichte und fließende Art. Im Ursprung geht es um eine geistige Haltung, um das Fühlen und um Hingabe. Die Hingabe zur natürlichen Bewegung. Eine zutiefst die weibliche Kraft stärkende Übung. Ohne dieses Wissen ließe sich allerdings annehmen, es sei einfach nur eine weitere Sportart, die den Körper strafft und formt. Dabei sollte das nur ein schöner Nebeneffekt sein. Wenn der Fokus zu stark auf Disziplin und Zielerreichung liegt, dient Yoga nicht der Entspannung und auch nicht dem weiblichen Prinzip. Denn Vergleich, Hartnäckigkeit und Wettbewerb sind männliche Energien. Der selbstgemachte Druck, der Außenwelt ein körperlich perfektes Bild unseres Selbst präsentieren zu müssen, hält uns im Yang gefangen und ist falsch verstandene männliche Energie. Yoga mit der richtigen Haltung praktiziert kann eine große Hilfe darstellen, um wieder ins Yin zu finden oder auf den erlösenden Gedanken zu kommen, an welcher Stelle sich das Yang sinnvoller einsetzen ließe.

Anders verhält es sich beim Krafttraining und Bodybuilding: Hier ist von Anfang an klar, welche Ziele erreicht werden sollen und in welche Form wir uns hineinkämpfen und -pumpen wollen. Es geht um Muskelaufbau oder zumindest um einen sich straff und fest anfühlenden Körper. Gesellschaftlich ist es sehr angesagt, stark zu sein, wobei wir hier schnell dazu neigen, unbedacht vom Körper auf den Geist zu schließen. Das ist auch der Grund dafür, warum Frauen in den späten 1980er-Jahren mit dem Kraftsport begannen. Früher waren den Frauen muskulöse Körper und Kraft nicht wichtig. Die Bewegung und der Wettbewerb auf den Spiel- und Sportplätzen waren dem männlichen Geschlecht vorbehalten. Die Emanzipation und der Feminismus machten es glücklicherweise möglich, dass Frauen den Sport betreiben können, der Ihnen Freude bereitet. Und wenn Sie einen Sport wählen, bei denen Kräftemessen, Leistung und Sieg die Antreiber sind, ist dieser zwar dem männlichen Prinzip zugehörig, aber die Fähigkeit zur Resilienz, zum Umgang mit einer Niederlage, die Akzeptanz und das Loslassen von destruktiven Ego-Gefühlen werden dem weiblichen Prinzip zugeschrieben. Ob Sie nun boxen, sich an Felswände werfen, Minigolf spielen oder durch die Wohnung tanzen, alles, was Ihnen Freude bereitet, persönlichen Erfolg und innere Ruhe beschert, ist genau richtig für Sie. An dieser Stelle möchte ich klarstellen, dass es hier also nicht um typisch männlich und typisch weiblich geht. Vielmehr um wertvolle Energien, die einander bedürfen und deren Gleichklang Glück und Gesundheit bewirkt.

Ist Schwäche weiblich?

Im Sommer des Jahres 2019 verfolgte ich mit großem Interesse die Fußballweltmeisterschaft der Frauen im TV. Die eine Hälfte der Menschen, mit denen ich sprach, sagte: „Frauen und Fußball, das muss ich nicht sehen. Da schau ich mir lieber die Männer an." Die andere Hälfte meinte: „Frauen-WM? Da habe ich gar nichts von mitbekommen." So sportbegeistert, wie ich mich in dieser Saison gezeigt habe, bin ich gewöhnlich nicht. Nur ein Deutschland-Spiel, egal ob Männer oder Frauen, hatte mich bis dato vor dem Bildschirm fesseln können. Doch dieses Mal war alles anders. Es hatte mich gepackt. Und das, obwohl Deutschland im Viertelfinale ausschied. Ich freute mich über jeden guten Spielzug, über jeden vorteilhaften Kommentar in den Medien und auch über den Sieg der USA, die mit einer ganzen Riege von selbstbewussten Spielerinnen auf den Platz gelaufen war.

Eine wurde von einem Kommentator etwas schnippisch als „personifizierte Selbstüberzeugung" bezeichnet, eine andere zeigte Haltung bezüglich ihres frauenverachtenden Präsidenten mit seinen sexistischen Parolen.

Ja, es gab Momente, da war ich ergriffen. Wenn eine Spielerin ein Tor geschossen hatte und sich danach dem Publikum in kraftvoller Siegerpose präsentierte, um sich ihre verdiente Anerkennung, Jubelschreie und ihren Applaus abzuholen. Es berührte mich, weil es ein tiefes Gefühl in mir wachrüttelte, das mich daran erinnerte, wie schwer Frauen in allen Generationen darum kämpfen müssen, sich mit einer Selbstverständlichkeit in voller Größe zu präsentieren.

Als Kind spielte ich selbst gern Fußball, zusammen mit meinem jüngeren Bruder und zahlreichen anderen Jungen auf irgendwelchen Bolzplätzen in der Nähe unserer Siedlung. Ich habe es geliebt. Nach der vierten Klasse sind wir dann umgezogen, mein Bruder kam in den Fußballverein und ich in die fünfte Klasse. Meine Begeisterung fand ein abruptes Ende.

Wenn ich heute mit meinen Eltern zusammensitze, sagen sie: „Fußball ist nichts für Frauen!“, oder: „Ich guck das nicht gern, die können gar nicht spielen!“, oder: „Die sehen nicht so hübsch aus, manche sogar wie Männer!“ Wussten Sie, dass in England die Frauen schon 1895 eine eigene Mannschaft gründeten, den British Ladies‘ Football Club? Und wie könnte es passender klingen, hieß eine der führenden weiblichen Köpfe Nettie Honeyball. Nach dem Zweiten Weltkrieg, 1955, wurde der Frauenfußball dann verboten, und 1970 das Verbot wieder aufgehoben.

Ich habe einen interessanten Gedankengang des Anthropologen Frederik Jacobus Johannes Buytendijk aus dem Jahr 1953 entdeckt: „Das Fußballspiel als Spielform ist wesentlich eine Demonstration der Männlichkeit. Es ist noch nie gelungen, Frauen Fußball spielen zu lassen (...) **Das TRETEN ist wohl spezifisch männlich, ob dann getreten werden weiblich ist, lasse ich dahingestellt. Jedenfalls ist das Nichttreten weiblich!“**

Um bezüglich dieses Gedankenspiels Yin und Yang hervorzuholen, kann ich auf gewisse Art und Weise zustimmen, dass Treten (die Aktivität) durchaus der männlichen Energie entspricht und Nichttreten (die Passivität) der weiblichen. Um jetzt auf den provokativen Teil dieser Worte zu schauen, der die Frauen kleinhalten und ihre Weiblichkeit als Schwäche auslegen will: Getreten werden ist, wenn man nicht gerade ein Ball ist, weder in Ordnung noch ein weiblicher Anteil. Es ist keine „bewusste“ Passivität, keine Stille und keine Entspannung. Es ist Ohnmacht und Bewegungslosigkeit. Die weibliche Energie hingegen ist mächtig und schafft den Ausgleich zwischen den Kräften, Ruhe und inneren Frieden. Nach wie vor ist es wichtig, dass Frauen für sich selbst, für ihre Rechte und für andere Frauen einstehen. Denn obwohl wir uns mittlerweile im 21. Jahrhundert befinden, scheint es ein über die Generationen hinweg weitergegebenes Dogma und Karma zu sein, das Frauen an sich selbst zweifeln lässt und ihr Vertrauen in die eigenen Stärken schwächt. Frauen glauben tendenziell weniger als Männer an ihre Schönheit, Einzigartigkeit und Selbstwirksamkeit. Und deshalb halten viele von ihnen auch ihre weibliche Kraft für weniger wertvoll und aktivieren übertrieben ihre männliche. Leider nehmen sie ahnungslos oft fehlerhafte Bewertungen vor, und es kommt zu den unglücklichen Verschiebungen des männlichen und weiblichen Anteils in ihnen. Es fehlt an gesunder Gleichberechtigung, und das zeigt sich nicht nur am Körper, sondern auch in der Qualität der Beziehungen. Diese mangelhafte Selbstregulation ist auch den Männern nicht fremd, zumindest nicht den Beziehungsuntauglichen und jenen, die ein problematisches Verhältnis mit ihren Müttern haben oder mit der Vorbildfunktion des Vaters.

Als ich ein kleines Mädchen war, hing ich sehr an meiner Mutter, und als mein Bruder geboren wurde, fühlte ich mich zurückgesetzt. Es erweckte den Eindruck in mir, weniger gesehen, weniger wahrgenommen zu werden. Ich schien bedeutungsloser zu sein und hatte meinen „ersten Platz" verloren. Das stimmte mich traurig und manchmal auch ärgerlich, wobei ich es vorzog, mich in mich selbst zurückzuziehen. Das Gefühl, nicht ausreichend beachtet zu werden, und der Wunsch, für irgendein Lebewesen, sei es nur der Hund, die Nummer Eins zu sein, zog sich durch mein ganzes Leben. Diese Erinnerungen begleiteten mich noch bis vor Kurzem, abhängig von den Geschehnissen in meinem Leben, völlig unbewusst. So wurden bestimmte Denk- und Gefühlsmuster in mir angelegt, über die ich final erst durch die Begegnung mit meinem „Mr. Dualis" Klarsicht gewann.

Natürlich sind diese Ungerechtigkeiten subjektiv empfunden und entspringen dem Urteilsvermögen einer Kinderseele, nichtsdestotrotz haben sie mir das Leben hier und da schwergemacht. Meine Erfahrungen, meine gezielte Analyse und Selbstreflexion ermöglichen es mir heute, Beziehungsmuster zu erkennen und neu zu bewerten. Auch wenn ich mich an mancher Stelle kritisch äußern werde, so bin ich dennoch beschützt und liebevoll umsorgt aufgewachsen. Mit meinen Eltern verbindet mich ein starkes Band der Liebe und des Respekts. Ich weiß heute, dass sie auf ihre Art und mit ihren eigenen Prägungen immer nur das Beste für mich wollten. Ohne ihr Wirken wäre ich nicht der Mensch geworden, der ich heute bin.

Nach den sonderbaren Ereignissen mit diesem ominösen Seelenpartner bin ich dankbar für alles, und ein warmes Gefühl von „mir selbst genug sein", von bedingungsloser Liebe und innerer Schönheit hat sich in mir breitgemacht. Während ich früher unter Druck stand, jemand Bestimmtes sein zu müssen, um in Augenschein genommen und geliebt zu werden, kann ich es jetzt einfach fühlen, ohne irgendetwas dafür zu tun. Ich kann lieben. Mich selbst und andere. Das, was ich tue. Das, was ich sehe. Das Leben. Ich habe die Gewissheit, dass ich geliebt werde. Und ich habe erfahren, dass sich in diesem Leben ohnehin vieles um die Liebe dreht.

Welche Erfahrungen haben Sie gemacht? Mir ist im Laufe der Zeit aufgefallen, wie ausgiebig in jedem Gespräch und in jedem Coaching in der Essenz deutlich wird, welche Sehnsüchte die Menschen in der Tiefe ihres Herzens verbergen und wie wichtig die Beziehungen zu den Menschen sind, die ihnen am nächsten stehen. Die letzten Zeilen aus Goethes „Willkommen und Abschied" bringen es auf den Punkt: „Und doch, welch Glück, geliebt zu werden! Und lieben, Götter, welch ein Glück!"

Ich glaube, zumindest erzählte es meine Oma so, dass meine Eltern sich – unabhängig von der Tatsache, dass Schwangerschaften sich damals meist unabsichtlich einstellten – einen Jungen gewünscht hatten. Eigentlich sagte sie, mein Vater wollte unbedingt einen Jungen, was sicher mit seiner orientalischen Herkunft zu tun hat. Ich glaube allerdings, dass beide, wenn auch unbewusst und unausgesprochen, eher die Geburt eines männlichen Nachkommen herbeigesehnt hatten. Es scheint wohl eine Bevorzugung des Männlichen zu geben, und diese innerliche Programmierung zeigt bis heute ihre Wirkung, was in Diskussionen um gesellschaftliche Themen und Rollenbilder deutlich wird. Eine weitere Tatsache ist, dass die meisten Menschen in den 1950er- und 1960er-Jahren unabhängig von ihrer Herkunft einem Jungen den Vorrang gaben. Das männliche Geschlecht war damals schlicht willkommener in unserer Welt, und viele Menschen versprachen sich Ansehen und Stolz mit der Geburt eines Stammhalters. Ich weiß nicht genau, wie viele Jahre und Jahrzehnte diese Gesinnung führend war und wann genau es einen Umschwung zu einem gleichberechtigten Gedankengut und Verhalten gab. Was ich allerdings in vielen Gesprächen erfuhr, ist, dass Frauen nach wie vor Schwierigkeiten haben, sich so annehmen zu können, wie sie sind. Ich habe häufig erlebt, dass Frauen zu mir ins Coaching kommen und einen ganzen Koffer voller Selbstzweifel mitbringen. Sogar die Erfolgreichen, die Schönen und die Wohlhabenden hadern mit ihrem Schicksal und haben unerfüllbar hohe Ansprüche an sich selbst. Auf der einen Seite wollen sie eine gefühlvolle Frau mit Herzensweisheit und einer großen Portion Gelassenheit sein, wie gemacht für die Liebe, und auf der anderen Seite ein Vorbild an Zielstrebigkeit und Erfolgsdenken, um Status und Lebensfreude zu sichern – und an diesem Ideal wird hart gearbeitet. Es wird optimiert und perfektioniert, und doch scheint es irgendwie nie auszureichen. Millionen von Frauen hadern trotz anstrengender Bemühungen mit ihrem Körper und ihrem Aussehen. Zahlreiche Frauen halten ihre erdrückenden Ehen und toxischen Beziehungen aus, weil sie sich emotional und finanziell abhängig fühlen. Unermesslich viele Frauen leiden trotz der heutigen Möglichkeiten, ein selbstbestimmtes Leben zu führen, an depressiven Verstimmungen, Ängsten und Einsamkeitsgefühlen. Gründe dafür sind Empfindungen der Ohnmacht (ohne Macht, ohne weibliche Energie) und ein Gespür der inneren Unvollständigkeit (ohne Wert, ohne männliche Energie). Auf welche unbewusste Weise wir diese innere Verteilung vornehmen und warum diese oft fehlgeleitet ist, werde ich Ihnen im Folgenden verraten.

Als mein Bruder und ich Grundschulkinder waren, hatten wir etwas Verbotenes angestellt. Ich kann mich gar nicht mehr erinnern, was den Unmut meiner Eltern eigentlich hervorgebracht hatte, aber ich weiß noch, dass wir nach Vorwürfen und Schimpfe den Stubenarrest antreten und zur Strafe einen kleinen Aufsatz schreiben mussten. Das Thema war: Die Mutter und der Vater. Meine Ausführungen sind leider nicht mehr auffindbar, doch kürzlich ist uns der Text meines jüngeren Bruders in die Hände gefallen und wir haben herzhaft darüber gelacht:

Die Mutter und der Vater

Meine Mutter ist manchmal böse und manchmal lieb.

Aber sie hat eine komische angewohnheit sie schreit zu fill.

Aber Frauen, sie, schreihen sowieso. Männer, schreien schreihen nie.

1. *Frauen schreihen*
2. *Frauen sind so und so schlapp.*

Das tun Männer nischt. Männer schreihen nicht, und Männer sind nischt schlapp. Des halb meine ich Frauhen kann man nicht gebrauchen. Männer kann man gebrauchen. Das weis ich. Mein Vater schreit nicht und mein Vater ist nich schlapp. Meine Mutter kann ja noch nicht mal n 1 kg hoch heben. Das kann aber mein Vater. Aber mein Vater hat auch eine komische angewohnheit jeden Tag nach dem Frühstüg geht er aa machen. Er sagt es wer gut wenn man jeden Morgen aa macht. Aber wirklisch immer wenn jemand von uns wier im Wohnzimmer gepust hat mus immer ischs sein. Einz weis ich die großen schieben immer die pusse den kleinen in die Schuhe. Meine Mutter ist wenigstens anstentig. Die Mütter in unserem Haus lassen ihre Kinder im nassem Wetter raus. Das tut unsere Mutter nischt nemisch unsere Mutter will nischt das wir mit Krippe rauf kommen.

Eine kleine, wenn auch subjektive Momentaufnahme Anfang der 1970er-Jahre. Und ja, ich habe meine Mutter teilweise auch schreiend in Erinnerung, weil mein Bruder ein eigensinniges und manchmal jähzorniges Kerlchen war und sich das Geschrei oft wechselseitig bedingte.

„Pass auf deinen Bruder auf!“ war einer der meist gehörtesten Sätze meiner Kindheit, wenn es zum Spielen rausging. Draußen, so habe ich es zumindest in Erinnerung, sofern nicht gerade irgendwelche Schlägereien mit fremden Nachbarskindern dazwischenkamen, bot sich mir grenzenlose Fantasie. Ich war Tarzan und Robin Hood, Cowboy und Fußballspieler. Ich habe eine leise Ahnung davon, was in meinem Aufsatz das Hauptthema gewesen sein könnte. Ich hatte beobachtet, dass meine Mutter mit uns Kindern und dem Haushalt jede Menge zu tun hatte. Sie wirkte auf mich oft angestrengt und überfordert. Mein Vater ging arbeiten und ließ sich zu Hause von meiner Mutter bedienen. Er war tagsüber weg und kam erst am frühen, manchmal auch späteren Abend wieder. Mit meinen Kinderaugen betrachtet, habe ich seine Arbeitsleistung und seine Rolle als Geldverdiener gar nicht richtig wahrgenommen. Es gab eine klare Rollenverteilung und ich bemerkte, dass ich die Position meines Vaters in der Familie heimlich bewunderte. Außerdem wollte ich zu der Zeit ohnehin lieber ein Junge sein, denn die Schwäche und Weinerlichkeit der Mädchen schienen auch mir damals keine vorbildlichen Tugenden zu sein.

Später, während meiner Jugend, arbeitete meine Mutter halbtags in einer Bäckerei, vielleicht, um den Kredit für das Haus mit abzubezahlen oder, wie meine Oma gern wissend kundtat, um meinem Bruder sein Studium zu finanzieren. Der gesamte Haushalt, samt Hund und verwöhnten Hausinsassen, blieb weiterhin an meiner Mutter kleben, und ich hatte ein schlechtes Gewissen dabei, ihr nach ihrem anstrengenden Tag meine Hilfeleistung zu verweigern. Sie fragte sehr selten und wenn, dann nur nach klitzekleinen Unterstützungen wie „Besteck legen" oder „Tisch decken". Doch es ärgerte mich unglaublich, dass sie immer nur mich ansprach und niemals meinen Bruder. Ich empfand es als ungeheuer ungerecht, in die Rolle der Bediensteten zu schlüpfen, nur weil ich das Mädchen war. Sie ließ mich und forderte nichts ein, dennoch blieb ein Gefühl von „nicht lieb genug" und „nicht brav genug" in mir zurück. Ich war kein „anständiges" Mädchen, aber ein „richtiger" Junge war ich eben auch nicht.

Kinder brauchen Wurzeln und Flügel

Denken Sie mal einen Moment über sich selbst nach. Welche Rollenbilder waren in Ihrer Kindheit und Jugend prägend? Welche geschlechtsspezifischen Merkmale haben Sie Ihrer Mutter, Ihrem Vater oder anderen wichtigen Bezugspersonen zugeschrieben? Was ist für Sie weiblich und was männlich? Und wie haben Sie sich letzten Endes entwickelt? Haben Sie mehr oder weniger das Leben Ihrer Eltern kopiert oder war es Ihnen schon immer wichtig, eine Gegenhaltung einzunehmen und bloß nicht die gleichen Fehler zu machen?

Bevor wir ans Werk gehen, genau zu analysieren, wie die Verteilung der weiblichen und männlichen Anteile in uns wirkt, ist ein Blick in die Vergangenheit durchaus sinnvoll. Beschäftigen Sie sich mit Ihrer Familie und prüfen Sie, welche Anteile von der weiblichen Seite und welche von der männlichen vermittelt wurden. Das weibliche Prinzip, auch als Mutter Erde bezeichnet, schenkt uns starke Wurzeln und Vertrauen. Bei bestmöglichem Energiefluss sind wir mit uns im Reinen, sind im Urvertrauen, können Geschehnisse akzeptieren, uns dem Fluss des Lebens hingeben, können loslassen, sind Zuhause im Inneren wie im Außen, sind leicht und gut durchblutet, in Liebe, haben einen funktionierenden Stoffwechsel und einen gesunden Schlaf. Wir besitzen die Fähigkeit, uns zu entspannen und zu regenerieren. Wir verstehen es, gemütlich zu sein. Das männliche Prinzip, symbolisch der Vater im Himmel, lässt uns Flügel wachsen und mutig werden. Wenn die männliche Energie einen positiven Halt in uns findet, sind wir kraftvoll und energiegeladen, voller Selbstvertrauen. Wir stürmen mit Freude voran, sind willensstark und entschlossen, setzen uns Ziele und wollen diese erreichen, haben starke Muskeln und körperliche Kraft, sind finanziell versorgt und haben eine optimistische Lebenseinstellung. Wir haben die Fähigkeit, uns zu konzentrieren und ins Handeln zu kommen. Wir verstehen es, Abenteuer zu erleben. Ganz gleich, welche Energien von welchen Bezugspersonen in Ihrer Familie geflossen sind, Sie vereinen beide in sich, die männliche und die weibliche. Interessant ist vielmehr, welche Energie die Oberhand gewinnen konnte und welche auf fehlerhafte Art interpretiert und genutzt wird. Sie können zu viel oder zu wenig haben, sowohl in der wahrhaftigen Auslebung als auch in versteckter und gefangener Form. Die Energien können intelligent fließen und das Wohlbefinden steigern, sie können aber auch in der Ego-Schleife festsitzen und für Selbstsabotage sorgen. Wenn die männliche Energie die Überhand gewinnt und aus der gesunden Strömung fällt, wirkt sie aggressiv, zerstörerisch und gewalttätig. Aus sinnstiftender Konzentration wird blinder Fatalismus, weil der Fokus um jeden Preis gehalten werden will, selbst wenn es zum eigenen und zum Schaden anderer Menschen führt. Die weibliche Energie kann hier ausgleichend wirken, um das hitzige Gemüt zu entspannen. Es ist eine wohltuende Kühle und eine beruhigende Stille, vergleichbar mit einem Gefühl der Unendlichkeit, so wie wir „Seele“ definieren.

Doch nicht nur in unserem Elternhaus finden wir Hinweise auf die innerliche Ordnung dieser Prinzipien. Sobald wir flügge werden und in die Welt hinausziehen, um einen geeigneten Partner zu finden und im Berufsleben „unseren Mann“ zu stehen (sie bemerken sicher, dass uns bereits eine Wortwendung einen Hinweis geben kann, mit welchen Attributen wir die einzelnen Energien versehen), findet auf unbewusste Art und Weise eine Neuverteilung statt, alte Energien aus der Ursprungsfamilie werden entweder bestärkt oder auch bekämpft.

Welche Muster leben Sie in Beziehungen? Inwieweit ist es Ihnen als Frau gelungen, ein feminines Yang zu entwickeln und als Mann ein maskulines Yin?

Sobald wir eine Energie vehement ablehnen oder nicht in der Lage sind, die Stärken des entsprechenden Prinzips zu erkennen und positiv zu entwickeln, werden wir stets ein Defizit in uns spüren. Es fühlt sich an, als würde etwas fehlen oder als wären wir fehlerhaft. Es beschert uns Gefühle des Mangels, die uns einreden, es allein nicht schaffen und allein nicht glücklich werden zu können. Empfindungen der Unruhe und der Einsamkeit belasten unser Wohlbefinden ebenso wie die Haltung, Opfer und nicht in der Lage zu sein, für uns selbst zu sorgen und uns ein Leben in Reichtum und Fülle aufzubauen. Wenn wir es als Frau nicht schaffen, unsere männlichen Kräfte zu entfalten, werden wir versuchen, diese Energie im Außen zu finden. Somit sind wir nicht in der Lage, uns selbst ein schönes und erfülltes Leben zu schenken, sondern erhoffen uns, dass uns ein entsprechender Partner glücklich macht. Das hat zur Folge, dass wir dieser Person mit einer ordentlichen Portion an Erwartungen und Forderungen begegnen. Schließlich ist es die Aufgabe des anderen, für uns da zu sein, sich um uns zu kümmern und uns glücklich zu machen. Es ist dieses große Schwarze Loch, diese Leere in uns, die uns verleitet, unseren Lebenssinn in einer anderen Person zu suchen. Sämtliche Psycho- und Paartherapeuten würden Ihnen an dieser Stelle sicher ebenfalls sagen, dass Sie zunächst bei sich selbst anfangen, sich selbst lieben und annehmen müssen, bevor Sie einen anderen damit beauftragen. Dass kein Mensch der Welt Ihre Lücke füllen kann, außer Ihnen selbst. Und wie schön es ist, wenn zwei Menschen sich begegnen, die in innerer Balance sind und aus der Fülle agieren, statt voller Defizite aus einer ständigen Situation der Bedürftigkeit heraus den Partner dominieren. Allzu schnell ist dieser dann auch kein Partner mehr, sondern Vater oder Mutter, Lehrer, Coach, Krankenpfleger, Therapeut und Erfüllungsgehilfe. Wenn wir es als Frau nicht schaffen, den Mann in uns zu erkennen, zu akzeptieren und zu lieben – vielleicht, weil wir ein Problem mit der Rolle des Mannes in der eigenen Familie haben oder das Männliche im Allgemeinen verachten –, lehnen wir uns selbst ab und werden den Zustand der Ganzheit und Vollkommenheit nicht erreichen können.

Die fehlende Akzeptanz des weiblichen Prinzips wiederum kann eine nicht enden wollende emotionale Abhängigkeit zur Mutter signalisieren. Es fehlt an Vertrauen, vor allem Selbstvertrauen, das uns mutig unseren eigenen Weg gehen lässt, unabhängig davon, was andere sagen und denken. Wir sind wie in einer Box gefangen, aus der wir uns gern hinausträumen, wagen uns in Wirklichkeit aber nicht, erste Schritte zu tun. Wir trauen uns einfach nicht – zu groß ist das Risiko, sich ohne emotionale Absicherung auf den Weg zu machen. Für andere ist dieser Zwiespalt oft gar nicht erkennbar, denn in der Außenwelt wirken diese Menschen oft selbstsicher und tarnen sich mit der Maske eines aktiven Zeitgenossen.

Mitten in unserer Entwicklung, vom Kind zum Pubertierenden bis hin zum Erwachsenen, findet also eine lebhafte Verteilung verschiedener Persönlichkeitsanteile in uns statt. Wir erfahren, was für uns Weiblichkeit und was Männlichkeit bedeutet. Wir entdecken unsere eigene

Sexualität und die entsprechenden Rollen der Lustbefriedigung. Wir erhalten uns etwas Kindliches und reifen gleichzeitig zum eigenverantwortlichen Erwachsenen heran. Wir haben Yin und Yang entwickelt und tragen oft zwei Herzen in der Brust; das eine schlägt für Sicherheit und Vertrauen, das andere für Abenteuer und Freude. Wir lernen uns im Laufe der Zeit immer besser kennen und sind uns schließlich gewiss, dass, genauso wie es in der materiellen Welt Nacht und Tag, Mond und Sonne, Tal und Berg, Ebbe und Flut, Schatten und Licht gibt, in uns selbst eine Dualität existiert. Diese zu erkennen, sowohl die tugendhaften Eigenschaften als auch die Schattenseiten, sowohl das schöne Gesicht für die Außenwelt als auch die leidvolle Grimasse im Spiegel der eigenen vier Wände, ist ein erster Schritt zur friedlichen Einheit.

Alles Zufall oder Karma, oder werde ich geführt?

Diese dubiose Sache mit meiner Dualseele, mit diesem Karma- und Lernpartner, diese merkwürdige Begegnung mit dem Unbekannten oder vielleicht inkarnierten Bekannten ließ mich lange Zeit nicht los. Ohne dass ich tatsächlich weiß, ob es ihm genauso ergangen ist wie mir, bin ich der festen Überzeugung, dass es so ist. Es gab einfach zu viele merkwürdige Zusammentreffen, Bemerkungen und Zufälle, als dass man diese einfach hätte ignorieren können ohne jedwede weitere gedankliche Beschäftigung. Durch sein Verhalten konfrontierte er mich mit meinen Schwachstellen, die ich schon längst nicht mehr auf dem Schirm hatte: nicht (wichtig) genug zu sein. Nicht einzigartig zu sein. Es waren Gefühle der Zurückweisung, der Eifersucht und des Misstrauens, die mir das Leben schwer machten. Da war diese Verbindung, als würde ich ihn schon ewig kennen, als wäre dieser Weg wie vorgegeben, so vertraut und warm. Und dann gab es diese schier unüberbrückbare Distanz, Sprachlosigkeit und Kühle. Er erzählte mir von seinen gescheiterten Liebesbeziehungen, den Gemeinheiten seiner Ex-Partnerin und der engen und schwierigen Beziehung zu seiner Mutter, um die er wohl keine Träne weinen würde. Ich verliebte mich in ein Foto, das ihn als kleinen, schüchternen Jungen zeigt. Ich war als Kleinkind ein ebenso liebes und zurückhaltendes Mädchen und später als Cowboy gehörte ich auch zu den Guten. Er meinte, wir seien wohl die schwarzen Schafe der Familie, bestimmt meinte er damit den Status der Geschiedenen, der nicht Angekommenen. Ich lachte und sagte: „Schwarzes Schaf? Also ich bin mehr ein Sonnenschein!" Er beschrieb sich als nicht beziehungsfähig und machte Erlebnisse aus seiner Kindheit dafür verantwortlich. Eigentlich redete er viel, dennoch hatte ich den Eindruck, er würde Dinge verschweigen oder vielleicht sogar lügen. Auf jeden Fall gab es ein Mutterthema zu lösen, und sein inneres Kind, ein Begriff aus der Psychologie, stand im Schatten und verlangte nach Heilung. An seinem Gesicht und seinem Verhalten konnte ich ablesen, dass die männliche Energie gehemmt war und nach Befreiung rief, während das weibliche Prinzip verstört wirkte, durch Ängste vor einer nicht kontrollierbaren Macht, eine unbewusste Ablehnung des Weiblichen. Bei mir war es zu diesem Zeitpunkt andersherum: Ich forderte von Männern gern ihre ungeteilte Aufmerksamkeit ein. Ich wollte die Königin im Leben eines anderen sein. Vielleicht erinnerte mich unsere Begegnung auch an mein eigenes Defizit, als Kind für meinen Vater scheinbar unsichtbar gewesen zu sein. Zumindest konnte er warme Gefühle generell nicht gut zum Ausdruck bringen und Beachtung, Anerkennung, Zartheiten, liebe Worte und Komplimente hatte es kaum gegeben. Natürlich nicht ungewöhnlich für die damalige Zeit, in der die Männer ihre Vaterrolle meistens als Ernährer der Familie verstanden. (Heute verbindet uns ein herzliches Verhältnis und wir drücken unsere Emotionen in lebendigen Gesprächen und gemeinsamem Lachen aus. Ich weiß ganz genau, dass er mir im Falle eines Falles aus der Patsche helfen würde und mir loyal zur Seite steht.)

Als mir, frisch geschieden, mein Seelenpartner über den Weg lief, war meine weibliche Energie eher vorsichtig und gehemmt und meine männliche durchaus aktiv, aber verwirrt. Zu diesem Zeitpunkt wusste ich noch nicht, dass es meine Lernaufgabe war, das weibliche Prinzip in mir als Stärke anzunehmen, meine vermeintlichen Schwächen als zugehörig zu lieben und meine männliche Energie auf positivem Wege zur Entfaltung zu bringen. Ich war mir nicht bewusst, dass ein Persönlichkeitsanteil in mir (der Mann in mir) stets ein wenig missgünstig zu anderen Männern schielte. Der Grund: Seit meiner Kindheit trug ich die Überzeugungen in mir, männliche Wesen hätten es im Leben einfacher, sowohl persönlich als auch gesellschaftlich, wären schneller, stärker, besser und erfolgreicher, ihnen würden Fehler schneller verziehen und sie mit all ihren Schwächen und Unzulänglichkeiten geliebt und akzeptiert. Bitte urteilen Sie nicht, wie einseitig dieses Denken doch ist, denn ich habe das nicht bewusst gedacht. Vielmehr war es ein eingebranntes Gefühlsmuster, das nach meiner Scheidung noch einmal kräftig aktiviert wurde. Dabei weiß ich aus zahlreichen Gesprächen, wie viele Männer von einem erdrückenden Leistungsdenken getrieben sind und den Glauben haben, nur geliebt zu werden, wenn sie irgendetwas darstellen und erfolgreich sind. Die männliche Energie, aktiv und fokussiert ausgerichtet, schießt oft über das Ziel hinaus. Kompetitiv verhaltend und kampfbereit geben zahlreiche Männer immer noch dem Materiellen den Vorrang und vergessen dabei, ihre Bedürfnisse wahrzunehmen und ihre Gefühle auszudrücken. Das lässt sie – oft für die Außenwelt unsichtbar – einsam, selbstkritisch und melancholisch zurück. Denn es ist mühsam, angespornt durch gesellschaftliche Erwartungen der Beste sein zu wollen und sich gleichzeitig ein glückliches Leben aufzubauen. Ein erfülltes Dasein, das nicht nur auf Status und Geld beruht, sondern auch aus stabilen sozialen Beziehungen und einem liebevollen Zuhause besteht.

Der weibliche Persönlichkeitsanteil meines Gegenübers, sozusagen die Frau in ihm, war vorsichtig, verhärtet und ungewollt. Zum einen aufgrund der Tatsache, dass es ohnehin ein gängiges Erziehungskonzept war, die Jungen zu „ganzen Männern“ zu erziehen und Weichheiten versteckt zu halten, und zum anderen, weil er – zumindest meiner gewagten psychologischen Analyse entsprechend – das Weibliche unbewusst mit Dominanz, Machtanspruch und Berechnung verknüpfte.

Eigenschaften, die er wahrscheinlich fürchtete, aber heimlich vielleicht auch bewunderte. Er war mir gegenüber misstrauisch, und ich glaube, er hatte aufgrund seiner Erfahrungen Sorge, ich könnte ebenso wie andere Frauen besitzergreifend und manipulativ sein. Seine größte Angst aber war, mir näher zu kommen oder nah zu sein, weil er heimlich befürchtete, die Kontrolle über die Situation zu verlieren und sich den Geschehnissen ausgeliefert zu fühlen.

Ich denke, er hielt mich auf Distanz, um sich selbst zu schützen. Ich hätte ihn emotional verführen können, und dieser Gedanke schien in ihm eine Art Panik auszulösen. Aus seinem Verhalten schlussfolgerte ich, dass vielleicht in der Vergangenheit und in der Kindheit Grenzen überschritten wurden, und er sich gegen Eindringlinge nicht behaupten konnte. Auf jeden Fall aktivierte seine eher zurückhaltende und empfindliche Verhaltensweise das männliche Prinzip in mir. Den Retter in der Not. Den Helden. Plötzlich hatte ich ein Ziel: Ich wollte diesen Mann für mich gewinnen. Sein Herz erobern. Oder sollte ich besser sagen, das Herz dieser Frau erobern? Denn schließlich war es das Yin in ihm, das sich nicht hingeben konnte und durch die Mauern rundum sein Herz am freien Fluss gehindert war. Es gab keine Sicherheit darüber, weder für ihn noch für mich, ob wir zu den Lieben oder den Bösen gehörten. Doch zu diesem Zeitpunkt war ich mir nicht im Geringsten im Klaren darüber, dass unerlöste weibliche und männliche Energien die Paarung und das Leben unendlich erschweren können.

Eine Ablehnung oder ein Scheitern kamen für mich nicht infrage. Ich wurde aktiv und probierte auf die ein oder andere Art aus, seine Aufmerksamkeit auf mich zu lenken und mich in ein schönes, helles Licht zu rücken. Meine männliche Energie ließ mich leidenschaftlich und fokussiert agieren, schließlich wollte ich nichts dem Zufall überlassen. Doch je näher wir uns kamen, umso größer war der darauffolgende Schritt der Distanz. Jedes Mal, wenn ich einen winzigen Babyschritt in sein Herz wagte, zog er sich ängstlich zurück in sein durch dicke Mauern geschütztes, düsteres Gefängnis. Ich erinnere mich an einen lebhaften Wortwechsel, bei dem ich aufgeregt sein Verhalten als unverständlich und unfein kritisierte mit den Worten: „Schließlich bin ich aus meiner Komfortzone rausgegangen, und ich bin eine Frau!“ Und er antwortete innerlich aufgelöst: „Und ich bin ein Mann, und ich muss auch auf mich aufpassen!“

Obwohl häufig auf allen Kanälen eine schwierige und vor allem missverständliche Kommunikation bestand und es im Grunde genommen auch zu keinem Zeitpunkt so etwas Ähnliches wie ein harmonisches Zusammensein gab, spürte ich intuitiv vom ersten Moment an, dass dieser Mensch eine ganz besondere Bedeutung für mich haben würde. Ich war irritiert, denn niemals zuvor hatte ich solch warme und zärtliche Gedanken für einen Mann gehegt, der mir vom ersten Moment an irgendwie vertraut schien. Sie können sich sicher vorstellen, dass ich nicht von einer wunderbaren Liebesgeschichte berichten werde, aber ich kann von einer ungewöhnlichen Erfahrung erzählen, dass die Liebe, wenn sie da ist, einfach da ist, egal, wo du bist oder was passiert. Sie hat keine Form und sie stellt keine Bedingung, sie scheint mehr frei zu sein und absichtslos im Nichts zu schweben.

In der materiellen Welt gestaltete sich die Sache folgendermaßen: Ich schien der mutige und beharrliche Verehrer (so etwas hatte ich noch nie zuvor gemacht) zu sein, der um die Gunst seiner mimosenhaften, wunderschönen Liebsten warb, um schließlich immer wieder aufs Neue in die Wüste geschickt zu werden. Die von ihm wahrscheinlich unbewusst ausgesendete Signalflut, auf jeden Fall dranzubleiben und ihn nicht aufzugeben, schürten in mir erst Optimismus und Lebensfreude und später Enttäuschung und Traurigkeit. Ich traute weder ihm noch mir selbst, und schon gar nicht der ganzen Situation. Und schließlich kam der Tag, an dem ich ihm den Rücken kehrte und endgültig von der Bildfläche verschwand.

Zumindest hatte ich während dieser Zeit genügend Gelegenheit, mich mit dem männlichen Anteil in mir vertraut zu machen. Ich bin charmant, wortgewandt und intensiv, aber auch vorsichtig und anfangs kühl bis arrogant wirkend. Ich muss erst Vertrauen fassen, um mich einlassen zu können. Ich bin sensibel und meine Motive sind reiner Natur. **Der Mann in mir ist Jungfrau.** So sagt es jedenfalls mein Horoskop mit Blick auf den Planten Mars. In der Astrologie und Mythologie steht Mars für Entschlossenheit, Willensstärke, Kraft, Mut und Durchsetzungskraft. Sicher kennen Sie die Klischees, typisch Frau und typisch Mann, er vom Mars und sie von der Venus. Die Venus ist übrigens das Symbol für das Weibliche und steht für Liebe, Harmonie, Kunst, Musik, Offenheit und Hingabe. Wo stehen Ihr Mars und Ihre Venus? In welchem Zeichen stehen Ihre Sonne und Ihr Mond? Wenn Sie ganz genau wissen wollen, was für ein Typ Mann in Ihnen ist, dann sollten Sie auf jeden Fall neben dem Mars noch das Sonnenzeichen betrachten. Und wenn Sie ein Mann sind und neugierig auf die Frau in Ihnen, dann schauen Sie auf den Mond und die Venus. Erfahrene Astrologen lassen ihren Blick außerdem über andere Punkte, Häuser und Knoten schweifen. Doch ich begebe mich an dieser Stelle nicht weiter in das mir unbekannte, jedoch durchaus interessante Terrain der Sternendeutung und überlasse es lieber den Spezialisten. Durch meinen kleinen Exkurs in die Sternenkunde fand ich jedoch eine Überschrift für den ersten Teil: „Der Mann in mir ist Jungfrau“ – weiblich und männlich in einem Satz, doppeldeutig, dual und vereint.

Um Sie nun jedoch nicht allzu sehr in meine Geschichte zu verstricken, bringe ich die Essenz dieser Annäherung zweier Menschen und der darauffolgenden Entwicklung auf den Punkt: Unser Aufeinandertreffen wurde geleitet durch den aktiven männlichen Anteil in mir und den weiblichen reaktiven Anteil in ihm. Unbewusst bewertete ich zu jener Zeit das männliche Prinzip als das Starke und Führende, er hingegen das weibliche als das Übermächtige. Auf der anderen Seite hatte ich den weiblichen Anteil in mir als schwach abgespeichert und er den männlichen in sich als unvollkommen. Die Schattenseiten zeigten sich als Vorbehalte, Misstrauen und Ablehnung des jeweils anderen. Und weil wir beide noch an Kränkungen aus Ex-Beziehungen zu knabbern hatten, waren wir Weltmeister im Distanzhalten, Fehlinterpretieren und Alarmglocken-Einstellen.

Die intensive, sich jeder Erklärung entziehende Anziehung wurde durch die vermeintlich schwachen Hälften befeuert, meine weibliche und seine männliche, die meist im Verborgenen blieben. Und weil das eigene Geschlecht schlussfolgernd als das schwache wahrgenommen wurde, war die Sehnsucht nach dem anderen groß.

Unsere gemeinsame Lernaufgabe bestand nach meiner finalen Deutung also darin, beide Hälften in uns als gleichwertig zu betrachten und zu lieben. Das Gefühl, es würde irgendetwas fehlen, wird ersetzt durch die Gewissheit, alles zu haben und alles zu sein. Ganz und vollkommen.

Was fehlt Ihnen?

„Was kann ich für Sie tun?“ oder auch „Was fehlt Ihnen?“ sind häufig gehörte Fragen, wenn wir einem Arzt gegenübersitzen. Klar, uns fehlt in solchen Momenten in der Regel etwas. Ein gutes Körpergefühl, Wohlbefinden oder Gesundheit. Uns könnten Hormone, Vitamine, Mineralien oder Enzyme fehlen. Schlimmstenfalls fehlen uns wichtige Blutkörperchen oder lebensnotwendige Körperorgane. Wenn etwas von Bedeutung fehlt, ist es an der Zeit, sich etwas zuzuführen, sich aufzufüllen, etwas anzunehmen. Manchmal aber sind unsere gute Laune und unsere Gesundheit auch dadurch beeinträchtigt, weil wir etwas zu viel haben oder etwas, das da nicht hingehört. Wir können ein Zuviel an Botenstoffen, Abwehr- und Immunsystem, an Körperflüssigkeiten und Gewebeteilen haben. In solch einem Fall ist es sinnvoll, etwas abzuführen, etwas abzugeben, etwas loszulassen. Wenn plötzlich eine fiese Geschwulst in unserem Körper sitzt, die auf lebenswichtige Nerven- und Blutbahnen drückt, wird in der Regel ausgemistet. Und ein gefährlicher Krebsknoten oder bösartiger Tumor wird ebenfalls herausgeschnitten. Wobei es im Grunde genommen gleichgültig ist, ob etwas nun zu wenig oder zu viel vorhanden ist, etwas da ist, das nicht dort hingehört, oder etwas fehlt, das eigentlich da sein sollte – eins benötigen wir immer: gute Gesundheit.

Der natürliche Mechanismus von ausgleichenden Kräften, von Gleichklang und Stabilität sorgt in unserem Leben für die bestmögliche Basis, selbstbewusst und eigenverantwortlich das eigene Leben zu gestalten. Der Körper kann uns entsprechende Hinweise schicken, welche weiblichen und männlichen Energien gerade im Mangel sind und welche in der Fülle, welche in den Schatten rutschen und welche auf der positiven Seite stehen. Diese in die Einheit strebenden Kräfte sind in ständiger Bewegung, und wenn „die Sache rundläuft“ wie ein natürlicher Kreislauf, sind wir mit uns im Einklang. Dieses Gleichgewicht kann sich überall auf der Welt zeigen, denn letzten Endes unterliegt alles Leben einem ausgewogenen Rhythmus.

Lassen Sie mich den Versuch wagen, das Prinzip von weiblich und männlich auf einer körperlichen Ebene zu analysieren und zu deuten: Wie lässt sich eine Überbetonung oder eine Problematik am Körper erkennen? An dieser Stelle möchte ich direkt darauf hinweisen, dass die Deutungen sehr komplex sind und für eine genaue Analyse zahlreiche andere Parameter berücksichtigt werden müssen. Außerdem vertraue ich vorwiegend meinen eigenen Beobachtungen und beschränke mich auf die Anatomie und Gesichtszüge meiner Gesprächspartner. Die Traditionelle Chinesische Medizin ist eine Wissenschaft für sich und die genaue Diagnostik der Einflüsse von Yin und Yang auf die Gesundheit ein umfangreiches Thema und Studium. Somit gehört es in die Hände von Experten, und ich werde folglich im Detail nicht weiter darauf eingehen. Vielleicht nur so viel, weil es im zweiten Teil des Buches immer wieder einen Berührungspunkt damit geben wird: Dem Yin-Muster werden das Innere, der Mangel und die Kälte zugeordnet, dem Yang-Muster hingegen das Äußere, das Übermaß und die Hitze. Das Yang steigt auf, das Yin sinkt ab. Das Yin hat mit Feuchte zu tun, das Yang mit Trockenheit. Yin zieht sich zusammen und Yang dehnt sich aus. Das Einatmen wird dem Yang zugeschrieben, das Ausatmen dem Yin. Yang ist hart und Yin ist weich. Yang ist Wachheit und Yin ist Schlaf.

Ich teile den Körper einmal grob ein:

Linke Körperhälfte = weibliches Prinzip
Rechte Körperhälfte = männliches Prinzip
Untere Körperhälfte = weibliches Prinzip
Obere Körperhälfte = männliches Prinzip
Hintere Körperseite = weibliches Prinzip
Vordere Körperhälfte = männliches Prinzip

Nach den Erkenntnissen meiner Face-Reading-Meisterin L.P. Bridges gibt es eine weitere Unterteilung in Körperöffnungen: Hier werden Augen, Nase und Ohren dem männlichen Prinzip zugeordnet, der Mund und die anderen beiden Körperöffnungen dem weiblichen. Wenn es also in einem bestimmten Bereich zu Problemen oder Verletzungen kommt, hat es immer etwas mit der dazugehörigen Energie zu tun, die ihren Ausgleich sucht. Entweder ist sie überlastet, falsch genutzt, beschämt vernachlässigt oder nicht wertgeschätzt. Das Gleiche gilt für die Körperseiten. Wenn eine Körperseite im Mangel ist, fällt sie optisch durch weniger Polsterung, Muskeln und Masse auf. Wird eine Körperseite jedoch zu stark beansprucht, zeigt sich das nicht nur durch eine körperliche Überbetonung und eine Schieflage, sondern auch in Form von Störungen und Krankheiten.

Beispiel: Wenn ich immer wieder Probleme mit meiner rechten Körperseite habe, kann das ein Hinweis darauf sein, dass ich diese zu häufig in Anspruch genommen und überstrapaziert habe. Da meine rechte Körperseite von der linken Gehirnhälfte geleitet wird, besteht ebenso die Möglichkeit, dass ich dazu neige, Gefühle zu kontrollieren und bei meinen Entscheidungen mehr auf den Verstand als auf das Herz zu hören. Außerdem besteht die Möglichkeit, dass ich ein Problem mit einer männlichen Person, z. B. dem Vater oder Partner habe, bzw. sich das männliche Prinzip in einem unausgeglichenen Zustand befindet. Darüber hinaus kann es sein, dass die rechte Körperseite optisch kompakter, fülliger oder gedrungener wirkt.

Jegliche Unausgewogenheit zwischen den Körperseiten spricht für einen fehlenden Ausgleich zwischen der weiblichen und männlichen Energie. Die Körperform kann uns demnach wichtige Hinweise liefern, welche Lebensthemen angeschaut werden wollen und was transformiert werden möchte, um ein möglichst glückliches und gesundes Leben zu führen. Starke Verschiebungen und Wirbelsäulenverkrümmungen zu einer Seite hin können ebenso ein Zeichen sein wie ein mächtiger Oberkörper auf dünnen Beinen mit flachem Po (vernachlässigte weibliche Energie, evtl. ein Mutterthema, sich selbst lieben und für sich selbst sorgen lernen) oder ein schmächtiger Oberkörper auf dicken Beinen mit voluminösem Po (steckengebliebene weibliche Energie, evtl. unbewusst minderwertige Haltung Männern gegenüber, Lernaufgabe, das wahrhaft Männliche in sich selbst zu finden). Aber auch in einen auffallend dünnen Körper oder eine Fettleibigkeit lassen sich Ungleichgewichte der Energien hineininterpretieren.

Sämtliche Befindlichkeitsstörungen, die mit Schwindel oder Gleichgewichtsstörungen einhergehen, mit Kreislauf- und Stoffwechselproblemen sowie mit Muskelschwäche und -verhärtungen, sprechen für ein Ungleichgewicht der weiblichen und männlichen Kraft in uns.

Auch im Gesicht werden Yin und Yang deutlich, wobei ich durch das Face Reading erfahren habe, dass hier im Gegensatz zu der krankheitsbezogenen Diagnostik die Unterscheidung genau andersherum vorgenommen wird: Die rechte Gesichtshälfte ist unsere Yin-Seite und die linke unser Yang-Seite. Der Grund dafür liegt darin begründet, dass die rechte Seite (Yin, passiv) für die Öffentlichkeit bestimmt ist und in der Regel weniger Bewegung in Form von Dellen und Falten zeigt. Die linke Seite hingegen (Yang, aktiv) spiegelt unsere wahren Gefühle wider und wird als private Seite interpretiert. Es findet vielmehr Bewegung statt und das Auf und Ab des Lebens wird sichtbar. Unsere glatte Seite zeigen wir gern der Außenwelt, viele Menschen empfinden diese spurenfreiere Hälfte als die attraktivere. Bevorzugt halten sie ihre Schokoladenseite in die Kamera oder drehen den Kopf unbewusst in Pose. Manchmal kann es aber auch andersherum sein und die rechte Gesichtshälfte zeigt sich angegriffener und müder als die linke. Diese Menschen präsentieren vorzugsweise ihr Leid der Außenwelt. Vielleicht jammern und klagen sie auch vermehrt, wünschen sich Aufmerksamkeit und Mitgefühl. Sieht die linke Seite hingegen entspannt aus, geht es ihnen wahrscheinlich gar nicht so schlecht, wie sie auf den ersten Blick zu verstehen geben. Wenn wir jemandem ins Gesicht schauen, nehmen unsere Augen die Seiten über Kreuz wahr. In der Regel nimmt unser führendes rechtes Auge die rechte Seite unseres Gegenübers wahr, also genau die Seite, die dieser auch bevorzugt der Öffentlichkeit präsentieren will. Die gesamte Aufteilung nach rechts und links obliegt einem schärferen Gutachten, denn die Dominanz einer Körperseite und auch die Tatsache, ob Sie Links- oder Rechtshänder sind, spielen bei der Analyse von Körpersignalen eine Rolle und können das Ergebnis verkehren.

Wenn Ihr rechtes Auge wegen einer Augenerkrankung nicht führend ist, übernimmt Ihr linkes Auge diese Rolle und schaut automatisch auf die linke Gesichtshälfte Ihres Gegenübers. Sie wissen schon, die emotionale, private Seite, die dieser erst einmal verborgen zu halten versucht. Da mein rechtes Auge wegen eines Glaukoms einen ziemlichen Totalausfall hat, fixiere ich sehr schnell die linke Seite meines Gegenübers und schaffe es, mitten in seine Seele zu blicken. Zumindest gelingt es mir recht gut, Menschen zu erkennen und ihre Emotionen zu lesen.

Alte Wunden heilen

Mein „Mr. Dualis“ hatte sein Päckchen zu tragen. Er gab mir gegenüber lediglich Andeutungen, und ich weiß bis heute nicht, was seinen Kernschmerz verursachte und ihn zwang, mit einem dicken Panzer herumzulaufen. Vielleicht weiß er es selbst noch nicht einmal. Er empfand viele Dinge als ungerecht und haderte mit belastenden Situationen in seinem Leben, aus denen er sich keinen Ausweg vorstellen konnte. Es gehörte zu seiner Natur, diese Dinge als unveränderbar anzunehmen. Ich vermute, dass er sich guten Freunden und der Familie gegenüber weniger entschlossen und willensstark präsentierte und sich vielmehr durch sein wohlwollendes und angleichendes Verhalten gebührende Anerkennung erhoffte. Ich denke, er wollte niemandem auf den Schlips treten, sodass seine persönlichen Grenzen engen Familienmitgliedern gegenüber schwammig bis unsichtbar waren. Es fiel ihm schwer, mutig für sich selbst und die eigenen Bedürfnisse einzustehen, bei Gelegenheit auch mal „Nein" zu sagen oder über Gefühle zu sprechen und auf die eigene Stimme zu hören. Ich glaube fest daran, dass er zwar so etwas wie eine innere Stimme besaß, es sich dabei jedoch eher um eine leise und zurückhaltende Stimme handelte, die er bei all dem Geräuschwirrwarr im Außen gar nicht wahrnehmen konnte. Obwohl er viel in seinem Leben erreicht hat, intelligent, belesen, charismatisch und sprachgewandt daherkam, wirkte irgendetwas in ihm zutiefst verunsichert, zweifelnd und klein. Bei einem Blick in seine Augen konnte ich den kleinen Jungen sehen, der nicht recht wusste, wohin er eigentlich gehört und ob er überhaupt geliebt wird. Er schien sich durch die Erwartungen anderer erdrückt zu fühlen. Ohne sich auch nur ansatzweise daraus befreien zu können, zog er es vor, diese weitgehend zu erfüllen. Zu groß wäre das schlechte Gewissen und zu groß seine Verlustangst, die ihm noch nicht einmal bewusst war. Nach seinen Erzählungen zu urteilen, nahm seine Mutter dabei eine zentrale Rolle ein. Er fühlte sich kalt in seinem Inneren und die wahre Erfüllung, das Zuhause in sich selbst zu finden, war ein Buch mit sieben Siegeln.

„Weißt du, die Chinesen sagen, ein Mann wird zweimal geboren. Einmal durch seine Mutter bei der Geburt und ein zweites Mal, wenn die Mutter stirbt", sagte ich zu ihm. Er schaute in die Ferne, dachte kurz nach und antwortete: „Ja, ich glaube, da ist was dran. Das kann sehr gut sein."

Natürlich ist da etwas dran. Es kommt sogar recht häufig vor, dass Männer eine Verhaltens- und Lebensveränderung initiieren, nachdem ihre Mutter gestorben ist. Bei normalen Lebensumständen sind diese Männer dann Mitte fünfzig bis über sechzig Jahre alt und zeitgleich gehen ihre langen Ehen und Partnerschaften häufig in die Brüche. Voraussetzung ist natürlich ein enges Verhältnis zur Mutter, womit nicht gemeint ist, dass man tatsächlich viel miteinander zu tun haben muss. Es ist sogar genau das Gegenteil denkbar, denn wenn die Mutter eine Dominanz im Leben ihres Kindes hat, schafft sie das auch auf meilenweite Entfernung. Sie und ihre Verbote, Regeln, Verheißungen, Androhungen und Glaubenssätze sind in Gehirn und Herz des Kindes eingebrannt. Diesen alten Ballast loszuwerden und sein inneres Kind zu heilen, um ein ausgeglichener, erwachsener Mensch zu werden, ist genauso essenziell für unser Wohlbefinden wie der Ausgleich der weiblichen und männlichen Anteile. Die „Goldene Achse der Leichtigkeit" symbolisiert diesen Aufstieg in eine positive Gefühlswelt (mehr dazu in Teil II).

Manchmal scheint es mir, als wäre das männliche Prinzip eher ein Sprinter, kraftvoll und stark auf der Kurzstrecke, und das weibliche Prinzip ein Langstreckenläufer, ausdauernd und mit langem Atem. Wenn die männliche Energie sich linear verhält und die weibliche in Kreisen zirkuliert, wird erneut deutlich, dass das Männliche sich vorzugsweise über die Außenwelt definiert und das Weibliche einen Draht zur Innenwelt besitzt. Auf die Männer bezogen bedeutet das, dass sie ihre beste Leistung erbringen, wenn sie voll in ihrer männlichen Kraft sind und gleichzeitig die weibliche Quelle angezapft haben, das Weibliche positiv belegt und im eigenen Selbst integriert ist. Sobald das nicht der Fall ist, versucht der Mann, aus einem Mangel heraus seinen weiblichen Anteil in einer Partnerin zu finden, in der er oftmals auch eine Mutter sucht, die ihn bedingungslos liebt und annimmt. Es fällt ihm schwer, aus seinem Selbst und seiner Innenwelt heraus positive Gefühle zu generieren. Er glaubt, er müsste draußen und im Beruf irgendetwas bewegen, um Wertschätzung und Liebe zu erhalten. Er scheint unfähig, sich liebevoll um sich selbst zu kümmern und sich ein warmes Zuhause im Außen wie im Inneren zu schaffen. Das ist sicher auch ein Grund, warum Männer nach einer Trennung oder dem Tod der Partnerin schneller wieder in eine neue Beziehung finden. Bei Frauen, die mit sich im Einklang sind, verhält es sich umgekehrt: Die weibliche

Energie ist ihnen näher und sie können aus eigener Kraft positive Gefühle aus ihrem Inneren gewinnen. Die freie weibliche Energie kann natürlich auch bei Frauen gestört sein, wenn zum Beispiel eine kalte und narzisstische Mutter in der Erziehung ihr Unwesen trieb. Auf der anderen Seite kann eine Frau ihre Bedürftigkeit zum Ausdruck bringen, indem sie ihren männlichen Anteil oder auch die Liebe ihres Vaters bei einem Partner zu finden versucht. Der Partner soll sie glücklich machen, sie beschützen, sie halten und versorgen.

Männliche Energie = ins Handeln kommen
Weibliche Energie = zur Ruhe kommen

Während ich übermütig dachte, „Mr. Dualis“ solle erst einmal seine Kindheitsthemen in den Griff kriegen, den Groll auf seine Mutter klären und die wahren Gefühle seinem Vater als männliches Vorbild gegenüber analysieren, schlitterte ich selbst unmerklich in die Falle oder, besser gesagt, in alte, ungelöste Gefühlsmuster hinein. Ich war mir schon längst im Klaren darüber, wie mich die steife und unnahbare Art meines Vaters als Kind prägte und später als erwachsene Frau mein Beziehungsmuster beeinflusste. Ich hatte mich nach seiner Aufmerksamkeit gesehnt und wollte eine Rolle in seinem Leben spielen. Die Männer, mit denen ich mich vorzugsweise umgab, waren in ihrem Verhalten das genaue Gegenteil von ihm: Sie wirkten zugewandt, zuvorkommend, fürsorglich, warmherzig, verliebt und begeistert. Bis „Mr. Dualis“ in mein Leben trat und mich sein verwirrend distanziertes und auf mich leicht unterkühlt wirkendes Getue völlig aus der Bahn schoss. Ich dachte: Was ist los mit diesem Mann? Er scheint offensichtlich Interesse an mir zu haben und verhält sich, als hätte er einen Stock im Arsch. Oder hat er nur wahnsinnige Angst, seine Gefühle zum Ausdruck zu bringen? Angst davor, ein weiteres Mal verletzt und verlassen zu werden? Oder ist er schlichtweg unfähig, Gefühle zu äußern, weil er sich bereits vor vielen Jahren diesen harten Panzer zulegte, der es ihm unmöglich macht, sein verschlossenes Herz wieder zu öffnen? Während ich damit beschäftigt war, ihn in meinen Gedanken in die Mangel zu nehmen und ihn psychologisch auszupressen wie eine Zitrone, um endlich diese eine befreiende Erkenntnis zu erlangen, geriet ich immer öfter in konfliktreiche Wortwechsel mit meinen Eltern. Und wenn es sich um keine tatsächlichen Auseinandersetzungen handelte, grübelte ich zumindest häufig über meine Kindheit, meine Jugend und die damit verbundenen Empfindungen. Ich wusste nicht, wie mir geschah. In meinem Kopf tummelten sich unendlich viele Gedanken, kreuz und quer, vollkommen unsortiert, und in meinem Herzen stellten sich nach kurzen Phasen der Ruhe immer wieder Gefühlstornados ein. Ich dachte über meine Beziehungen nach, über meine Fehler und die Fehler der anderen. Und obwohl ich nach vielen Jahren der psychologischen Auseinandersetzung und Analyse von Erziehung und Einfluss der Eltern überzeugt war, alles verarbeitet, vergeben und vergessen zu haben, bemerkte ich, dass ich still und heimlich noch immer in einem widersinnigen Vorwurfsdenken verhaftet war. Zu den verschiedensten Anlässen kam immer wieder die alte Leier von dem benachteiligten Mädchen auf den Tisch, das nicht studiert hatte, die Bevorzugung des Bruders hatte ertragen müssen und sich insgesamt in ihrem Selbstwertgefühl durch die Erziehung einer antifeministischen Mutter und eines orientalisch geprägten Vaters geschwächt fühlte. Natürlich wusste ich ganz genau und hätte es auch in jedem anständigen Gespräch formuliert, dass der Mensch irgendwann um seine Volljährigkeit herum eigenverantwortlich für sein Leben ist, aber zu diesem Zeitpunkt hatte ich all mein Wissen und meine Weisheiten plötzlich verloren. Meine Gedanken und Erinnerungsschleifen trugen mich bis zu meiner jüngsten Kindheit zurück, und ich erinnerte mich daran, wie meine Mutter mich „dummes Geschöpf" nannte, wenn sie wütend auf mich war und ich mich in ihren Augen falsch verhalten hatte. Und das hatte ich oft, denn wenn ich mit meinem Bruder in Streit geriet und er anschließend laut kreischte und weinte, war ich meist die Schuldige. Schuldig deswegen, weil ich die Ältere war und somit verantwortlich, auch wenn es nur 21 Monate sind. Ich hätte es besser wissen müssen, wie man besonnen und vernünftig reagiert und dass man als erstgeborenes Mädchen nachgibt, statt sich zu wehren und zu zanken. Selbst dann, wenn der Kleine den Streit mutwillig provoziert hatte. Ich blieb die Ältere, die, die sich erwachsen und großmütig zeigen sollte und nicht willensstark und rechthaberisch. Ich erinnerte mich, wie schrecklich ungerecht ich all das fand und bei mir der Eindruck entstand, nicht richtig zu sein und nicht dazuzugehören, wenn ich mich frech, trotzig und selbstbewusst zeigte. Der Wunsch, wahrgenommen zu werden genauso wie ich bin, und der Traum, ein ganz besonderes und liebenswertes Menschenkind zu sein, begleiteten mich durch meine jungen Jahre. Und plötzlich hatte ich das alles wieder frisch im Bewusstsein, als wäre es gestern gewesen.

Dann gab es da diese besondere Nacht für mich, in der ich das erste Mal „auf der dunklen Seite des Mondes gewandert bin“, wie es eine mir bekannte Schamanin ausdrücken würde: Ich beschäftigte mich mit meinen Schattenthemen und entdeckte meine Ursprungswunde, den kleinen Moment in meiner Vergangenheit, indem ich mich zum ersten Mal bewusst abgelehnt und ungerecht behandelt fühlte und der mir in der Folge das Leben an so manch einer Stelle schwer machte. Plötzlich hatte ich ein Bild vor Augen, wie ich in unserer kleinen Wohnung ungefähr im Alter von fünf Jahren zusammengekauert und leise schluchzend im Flur saß und sehnsüchtig zum Sofa spähte, auf dem meine Mutter gemütlich Arm in Arm mit meinem Bruder saß und eine lustige Episode im Fernsehen verfolgte. Ich war in ihren Augen wieder einmal im Unrecht gewesen und durfte zur Strafe nicht mit auf die Couch zum Fernsehen. Ich erinnerte mich an meine große Traurigkeit, die vor allem daher rührte, dass ich mir erhoffte, meine Mutter würde einlenken, sich milde zeigen und so etwas Ähnliches sagen wie: „Ach, Carmen, es ist wieder gut. Komm doch, setz dich zu uns. Mama hat dich sehr, sehr lieb.“ Aber das sagte sie nicht. Nein, sie blieb hart und unnachgiebig, würdigte mich keines Blickes, obwohl sie mein Leid und mein Wimmern sicher vernommen hatte.

Ich glaube, ich nahm ihr das sehr übel, denn in dem Moment, in dem ich mich schlagartig an diese Situation erinnerte, versank ich spontan in Selbstmitleid und Mitgefühl für dieses kleine Wesen, das ich selbst einmal war. Ich schluchzte wie ein Mädchen, und sämtliche nicht geweinten Tränen der letzten Jahrzehnte, in denen ich Momente der Zurückweisung, des Nicht-gesehen-Werdens, des Nicht-dazu-Gehörens, der Gleichgültigkeit und Ungerechtigkeit empfunden hatte, bahnten sich kraftvoll ihren Weg nach draußen.

Das Kind in uns sucht Liebe

Rumheulen und weinen ist nun wirklich was für Mädchen und als erwachsene Frau habe ich eher selten eine Träne verdrückt, und wenn, dann meist aus Wut. Umso unangenehmer ist mir das Geständnis und auch das Eingeständnis, dass ich mich durch das Verhalten meiner Mutter, die ich sehr liebhabe und die uns stets ein gemütliches Zuhause bereitet hatte, gekränkt fühlte. Irgendwie verspüre ich sogar ein schlechtes Gewissen, wenn ich eine für mich negative Kindheitserinnerung schildere, die sowohl aus meiner heutigen reifen Sicht als auch im Vergleich zu manch einer traumatischen Erfahrung wie Peanuts erscheinen muss. Ich habe als Coach und auch damals als Partnervermittlerin unsagbar traurige und wütend machende Geschichten gehört und weiß natürlich, dass einschneidend negative Erlebnisse einer professionellen Therapie bedürfen, um das innere Kind zu heilen und schwere Erinnerungen loszulassen. Wenn Sie ein Trauma durchlebt haben, empfehle ich Ihnen unbedingt, die Hilfe eines Dritten in Anspruch zu nehmen. Sollte jedoch – meinem Fall ähnlich – bereits eine Bewusstwerdung befreiend wirken, lesen Sie gern im zweiten Teil dieses Buches weiter, in dem Sie einige Methoden finden werden, um Belastendes endgültig loszulassen.

Instinktiv tat ich in diesem Moment genau das Richtige: Ich hockte mich in meinen Gedanken zu dem kleinen Mädchen von damals, nahm es in den Arm und fand tröstende Worte. Ich verspürte großes Mitgefühl, konnte seine Traurigkeit verstehen und hatte es richtig lieb, während ich es an mich drückte. Ich hatte mich also selbst lieb und spürte diesen wohltuenden Schauer verbunden mit dem Gefühl, klein, schwach und traurig sein zu dürfen. Gleichzeitig bemerkte ich, wie das kleine Mädchen, in meinem Fall die kleine Carmen, wieder stärker und ihr Blick mutig und klar wurde. Sie wandte sich mir zu und lauschte meinen Worten, die ihr davon erzählten, wie schwer es meine Mutter manchmal gehabt hatte, mit zwei kleinen Kindern in einer engen Wohnung mehr oder weniger auf sich allein gestellt zu sein. Mein Vater arbeitete zu dieser Zeit in einer anderen Stadt und besuchte uns nur am Wochenende. Meine Mutter musste jeden Tag raus, lud uns in den frühen Morgenstunden bei der Oma ab und eilte hastig zu ihrem Job als Helferin in einer Fabrik. Sie hatte wenig Zeit für sich und manches überforderte sie einfach. Ich erinnere mich, wie impulsiv und temperamentvoll sie ihre Gefühle zum Ausdruck bringen konnte. Mein Bruder, der damals ein nerviger Schreihals war (heute ist er ein toller Mann, verträglich, fürsorglich und tiefenentspannt), brachte sie regelmäßig auf die Palme. Erst heulte er, dann heulte sie, und danach saß er lustig spielend im Wagen und sie war fix und fertig. Zu jener Zeit blieb keine Zeit für Klärung und Aufarbeitung der Umstände und es gab keinen Platz für Verständnis und Sanftmut. Meine Aufgabe war es, lieb, brav und umgänglich zu sein, auf keinen Fall noch zusätzliche Probleme zu schaffen. Heute ermöglicht mir mein erwachsenes Ich einen anderen Blick auf meine Mutter und die gefühlten Ungerechtigkeiten, und ich empfand Mitgefühl mit ihr. Plötzlich gelang es mir, Erfahrungen in einem anderen Licht zu sehen. Ich spürte eindeutig, dass sie mir zu keinem Zeitpunkt absichtlich das Leben hatte schwer machen wollen. Vielmehr hatte sie versucht, mir trotz eigener Belastungen und eigener Mängel die beste Fürsorge und Erziehung zukommen zu lassen, die ihr möglich waren. Mütter sind auch nur Menschen. Väter übrigens auch. Und da ich heute selbst Mutter einer mittlerweile erwachsenen Tochter bin, weiß ich, wie schnell einem ein unüberlegter Satz über die Lippen kommen kann, der die Gefühlswelt eines Kindes oder Teenagers kurzweilig und manchmal sogar nachhaltig erschüttern kann. Wir Erwachsenen haben schlicht andere Maßstäbe, nach denen wir Erschütterungen bemessen. Während eine Reaktion von uns als eher lapidar eingeschätzt wird, kann sie zeitgleich das Selbstwertgefühl der kleineren Person erheblich ankratzen. Ein Grund, warum es sich für Sie lohnt, sich mit Ihrem eigenen inneren Kind zu beschäftigen und herauszufinden, welche Kränkung von damals Ihnen vielleicht unbewusst noch heute nachhängt. Diese alten, verschütteten Kränkungen müssen nicht ausschließlich aus dem Elternhaus stammen, auch Grobheiten anderer Vertrauenspersonen, ob jung oder alt, können ein Katalysator für aktuelle Probleme darstellen. Solche alten Wunden haben das Potenzial, in getarnter Form wieder und wieder denselben Schmerz auszulösen, sobald irgendetwas im Außen passiert, das uns an den Ursprungsschmerz erinnert. Im normalen Alltag stellen wir gewöhnlich keine Verbindung her, da uns diese in der Regel nicht einmal bewusst ist. Warum sollten wir jedes Mal an unsere Kindheit denken, an Situationen, die wir eigentlich schon längst vergessen haben? Die Empfindungen von Ablehnung und Zurückweisung, Einsamkeit, Verlustängsten, Demütigung und Misstrauen sind jedoch häufig Erfahrungen unserer Kinderseele, die uns im erwachsenen Leben erneut gespiegelt werden. Und wie soll es anders sein – am effektivsten durch den Liebespartner an unserer Seite. Er drückt – meist völlig unbewusst – alle erdenklichen Knöpfe, um in Sekundenschnelle den alten Glaubenssatz zu aktivieren und uns von einem großmütigen Strahlemann in einen fiesen Giftzwerg zu verwandeln. Schauen wir hingegen genau hin, gerüstet mit psychologischem Wissen und jeder Menge Empathie, wissen wir, dass nicht unser Partner diese Achterbahn der Gefühle initiiert, sondern wir selbst in der Verantwortung stehen. Er hält uns lediglich den Spiegel vor, damit wir unsere Lernaufgaben in Angriff nehmen können, um unser inneres Kind zu heilen. Und das Kind in uns verlangt nur eine wichtige Sache: Es will geliebt werden. Von ganzem Herzen. So, wie es ist. Egal, ob es ein Mädchen oder ein Junge ist. Ob es etwas falsch oder richtig macht. Ob es brav und lieb oder wild und aufsässig ist. Damit sich dieses Gefühl überhaupt einstellen kann, ist es wichtig, dass es uns gelingt, mit den Augen der Liebe auf uns selbst zu schauen. Und wenn wir mit dem kleinen Ich anfangen und einen zarten, liebevollen Blick auf uns als Kind werfen, ist der nächste Schritt zur Selbstliebe zwar kein Kinkerlitzchen, aber in unmittelbare Nähe gerückt. Wenn wir das schaffen, werden wir auch als Erwachsene bedingungslose Liebe empfinden können. Schlussendlich werden wir im Umgang mit anderen Menschen wertschätzender, milder und gütiger sein.

Doch was ist mit unseren negativen Gefühlen, die uns klein und schwach halten, bedürftig und mit dem Schicksal hadernd? Wenn ich es schaffe, mich selbst und die damaligen Geschehnisse mit einem Mitgefühl anzunehmen, ist damit automatisch auch das Verhalten der anderen vergessen und verziehen?

Wie wir unser Herz wieder öffnen

Ich weiß nicht, in welcher Situation Sie sich gerade befinden. Fühlen Sie sich wohl? Geht es Ihnen gut? Fühlen Sie sich geliebt? Wenn Sie mehrere schlechte Erfahrungen gemacht haben, ob nun in der Kindheit und Jugend oder in Ihren Beziehungen, dann hat Ihr Herz längst einen Schutzmechanismus entworfen, um möglichst viele Stiche und Verletzungen abzuwehren. Sie haben vielleicht eine Strategie entwickelt, um die Dinge nicht so nah an sich rankommen zu lassen. Diese Taktik leistet in der Mehrheit aller Fälle gute Dienste. Sie denken: Die Liebe hat ihren Preis. Für die Liebe muss man kämpfen. Man bekommt im Leben nichts geschenkt. Und vielleicht halten Sie sogar einen belastenden Zustand aus und bilden sich ein, gar nicht richtig lieben zu können oder etwas nicht verdient zu haben. Wie bereits erwähnt, müssen manche Menschen wahrhaft dramatische Lebensumstände durchstehen, doch auch, wenn Ihr heute erwachsener Geist Ihnen die Kränkungen kleinzureden versucht, haben Sie manche Beziehungen als schwerlich oder gar als tiefgreifend zerstörerisch in Erinnerung behalten. Kein Wunder also, dass Sie Ihr Herz verschlossen und unbewusst Mauern um sich errichtet haben. Der liebevolle Blick auf unser inneres Kind lässt uns weicher und durchlässiger werden, aber er reicht nicht aus, um diese Mauern einzureißen und der Liebe Einzug zu gewähren. Genauso wichtig wie die Gefühlsklärung ist das Loslassen. Und zwar das Loslassen dieser alten Situationen und der damit verbundenen Überzeugungen. Sie müssen im Grunde Ihre Selbstzweifel, Schuldzuweisungen und Ihre Opferrolle ablegen. An dieser Stelle ist mir wichtig zu erwähnen, und ich werde später in dem dazugehörigen Kapitel erneut darauf eingehen: Mit Loslassen ist nicht zwangsläufig Vergebung gemeint. Loslassen heißt vielmehr, dass Sie sich Ihren Gefühlen stellen, dass Sie das falsche Verhalten Ihrer Mutter, Ihres Vaters oder einer anderen Person erkennen, um dann Ihren Frieden damit zu machen und es freilassen zu können. Etwas freilassen, etwas gehen lassen zu können, bedeutet, keine negativen Gefühle wie Wut, Groll, Enttäuschung oder Traurigkeit mehr damit zu verbinden. Wenn es final gelingt, diese alten Geschichten loszulassen, bleiben Vorwürfe und Kummer auf der Strecke und wir zeigen uns dankbarer, sanfter und zuversichtlicher, als wir es je waren.

Sein Herz wieder zu öffnen und in diese Art von Leichtigkeit zu kommen, setzt gelegentlich voraus, knallharte Entscheidungen zu treffen. Wie sieht es aus mit Ihrer Vergangenheit? Welche Kindheitserlebnisse halten Sie immer noch gefangen, in den immer wieder gleich ablaufenden Denk- und Gefühlsmustern? Machen Sie sich an dieser Stelle bewusst, dass Sie niemandem etwas verzeihen und den Umgang aufrechterhalten müssen, erst recht nicht, wenn Ihr Vertrauen stark missbraucht und Ihnen Gewalt angetan worden ist. Es geht lediglich darum, die nicht mehr rückgängig zu machende Situation anzuerkennen und sie dann für immer ziehen zu lassen. Ob Sie mit den Beteiligten weiterhin in Kontakt bleiben oder sie aus Ihrem Leben verbannen, bleibt einzig Ihnen überlassen. Sie wissen instinktiv, wer und was Ihnen guttut.

Ich persönlich habe die Ansammlung vieler kleiner Pikse auf mein Selbstwertgefühl genau in Augenschein genommen, meine Gefühle geklärt und losgelassen. Ich kann nicht hundertprozentig ausschließen, dass nicht irgendwelche Wortwechsel und Begebenheiten noch einmal eine Verunsicherung bei mir bewirken, aber ich kann ruhigen Gewissens verkünden, dass ich diese alten Gedanken und Gefühle von gefühlter Minderwertigkeit ein für alle Mal aus meinem Leben verbannt habe. Ich schaue nicht mehr zurück oder hadere mit irgendwelchen Dingen, die aus meiner heutigen Sicht hätten besser laufen können. Ich übernehme volle Verantwortung für mein Leben, lasse weitgehend die Türen der Vergangenheit und Zukunft geschlossen und mache mir bewusst, dass ich einen großen Teil meines Lebensglücks aktiv selbst gestalten kann. Die eigentliche Bewusstseinsrevolution ist nicht, dass ich mein Leben und mein Fühlen selbst verändern kann, sondern vielmehr die Erkenntnis, dass ich das Leben und Fühlen der anderen nicht verändern kann. Es ist die tiefe Einsicht, wie wohltuend es ist, Gegebenes und Unveränderliches als das anzunehmen, was es ist, und sich von dem sinnfreien Kampf um größere Bedeutung zu verabschieden. Letzten Endes wollen alle Menschen von Bedeutung sein und sehnen sich danach, dass ein anderer Mensch ihnen dieses Gefühl gibt. Das Gefühl von Bedeutung, was ihnen heute noch wichtiger erscheint als damals zu Kinderzeiten. Doch heute, als erwachsener Mensch, ist es klug, sich selbst anzunehmen, mit allen Ecken und Kanten. Sich selbst das zu geben, was man von anderen erwartet. Und ganz nebenbei gute Gefühle zu verschenken – mal ein Lob, mal eine zarte Geste, mal ein Kompliment, mal ein Wort des Dankes, mal eine wertschätzende Nachricht, mal Hilfsbereitschaft, mal ein Lächeln und mal ein Lachen.

Übrigens merken Sie es ziemlich deutlich, ob Ihr Herz wieder offen ist und der Schutzwall aus Angst und Misstrauen seine Aufgabe verloren hat. Wenn Sie wirklich wieder bereit sind, die Liebe und das Leben zuzulassen, verknüpfen Sie keine Erwartungen an Ihre Begegnungen mit anderen Menschen. Ja, vielleicht wünschen Sie sich etwas, aber Sie erwarten nichts, keine Gegenleistung für ein offenes Herz. Geben und Empfangen scheinen im Einklang zu sein. Die männlichen und weiblichen Anteile balancieren sich aus. Vergessen Sie dabei nicht, dass Sie Ihr Herz nicht für den einen Menschen aufmachen und für den anderen wieder schließen können. Hat wirklich eine Herzöffnung stattgefunden, bleibt Ihr Herz annehmend, unabhängig davon, ob Sie heute einen potenziellen Liebespartner treffen oder morgen mit Ihrem Ex-Partner sprechen. Wenn die Liebe wieder fließt und toxische Beziehungen geheilt sind, dann gibt es keine Grenzen. Manchmal verwechseln wir das Gefühl der Liebe mit dem Gefühl der Bedürftigkeit. Doch lieben heißt nicht brauchen, denn die Liebe ist frei und unendlich.

Der einsame Wolf und das Mauerblümchen

Wenn ich zurückdenke an die Zeit mit meinem seltsamen Seelengefährten, dann war ich sinnbildlich vielleicht das Mauerblümchen und er der einsame Wolf. Oder umgekehrt, er das Mauerblümchen und ich der einsame Wolf. Angemerkt haben wir uns das allerdings nicht. Zumindest nicht nach außen hin und für andere ersichtlich. Dafür zeigte er sich viel zu extrovertiert und geltungsbedürftig, nach Statussymbolen schielend und einen elitären Bekanntenkreis pflegend. Und ich wirkte gelegentlich hochmütig und gespielt locker, mit einer überselbstbewussten und unnahbaren Aura, die von meinem gewöhnlichen Dasein ablenken sollte. Es waren unsere Masken, die wir stets trugen, um dem anderen auf keinen Fall unsere weiche Seite zu zeigen und einer nicht einschätzbaren Gefahr schutzlos ausgeliefert zu sein. Natürlich gab es selten Bestätigung für meine Gedanken, und es besteht eine theoretische Möglichkeit, dass ich mir vieles nur eingebildet und Gegebenheiten falsch interpretiert habe. Doch eine andere Deutung der Situation kam für mich nicht infrage, zu groß waren die Zufälle, die uns immer wieder zusammenführten, und zu auffällig die parallelen Geschehnisse der letzten Jahre. Denn es gab ja Gründe für das Zurückweichen, für die gestellte, hölzerne und sperrige Konversation und das Zelebrieren des Einzelgängertums, eine der größten Tarnungen im Kampf gegen die Angst. Angst, Misstrauen, Zweifel, Enttäuschung und Sehnsüchte waren die vorherrschenden Gefühle, die sich unter der

Oberfläche abspielten und jeden von uns in seinem Ego gefangen hielten. So viele Emotionen waren ungeklärt und es gab jede Menge alten Ballast, der endlich losgelassen werden wollte.

Jede gescheiterte Beziehung ist letzten Endes ein Angriff auf unsere Weiblichkeit, wenn wir eine Frau sind, und auf unsere Männlichkeit, wenn wir ein Mann sind. Wir definieren unseren Wert und unser Selbstbild stark darüber, wie wir als Frau oder Mann zu sein haben und wie wir die beste Wirkung erzielen. Unbewusst stellen wir Vergleiche an und reden uns oftmals selbst klein, wenn unser Gegenüber sein Interesse verliert oder sich in unseren Augen fehlentwickelt. Nach jeder hinter sich gelassenen Beziehung lohnt sich eine Zeit der Regeneration, in der Gras über die ganze Sache wachsen kann.

In welchem Beziehungsmodus stecken Sie gerade? Schweben Sie auf Wolke sieben, herrscht jeden Tag Sodom und Gomorra oder bringt sie die gelebte Gleichförmigkeit zum Nachdenken? Oder haben Sie Ihr Herz bereits verschlossen und halten jeden Stürmer auf Sicherheitsabstand?

Die meisten Geheimnisse über uns selbst erfahren wir in einer gelebten Beziehung, bei der Reflexion unseres eigenen Verhaltens und der sich ständig wiederholenden Gefühlsschleifen. Ich teile die Lebensauffassung und auch spirituelle Ansicht, dass wir so lange eine für uns unangenehme Situation präsentiert bekommen, bis wir unsere Lernaufgabe verstanden haben und endlich das Ruder herumreißen. Diese Lernaufgabe tritt in den buntesten Varianten in unser Leben, um unser persönliches Wachstum anzuregen und uns den Mut entwickeln zu lassen, unser schon seit langer Zeit undienliches Verhalten zu verändern. Zumindest war mir in der Begegnung mit diesem einzigartigen Menschen durchaus bewusst, dass hinter der ganzen Maskerade lediglich zwei Menschen standen, die sich wünschten, geliebt zu werden. Der fehlende Gleichklang des weiblichen und männlichen Prinzips sorgte jedoch für eine betäubende Schwere. Die pulsierende Energie, die so viel Positives hätte bewirken können, wurde maßlos verschwendet durch verschiedenste Sicherheitsvorkehrungen. Bei mir war es das Bedürfnis, meine weibliche Seite zu schützen, er hatte das Gefühl, auf seine männliche aufpassen zu müssen. Wie können bei solch großer Vorsicht und Unausgeglichenheit Nähe und Verbundenheit entstehen? Wie kann es sein, dass zwei Menschen so ähnlich und unterschiedlich zugleich sind? Wie lässt sich von Selbstbewusstsein und Authentizität sprechen, wenn es immer noch Gründe gibt, sein Herz nicht auf der Zunge zu tragen?

Loslassen – das Geheimnis eines erfüllten Lebens

Wie ich Ihnen bereits erzählte, war ich die meiste Zeit meines Lebens damit beschäftigt, vorwiegend das männliche Prinzip zu aktivieren, um die vermeintlich schwache, weibliche Seite zu verstecken. Das war ganz schön nervenaufreibend und mühselig, denn das weibliche Prinzip ist in meinem Naturell stark verankert. Diese unnatürliche Anstrengung wirkte sich auch körperlich aus durch Verspannungen auf der rechten Seite, Nacken- und Kopfschmerzen, einer verhärteten Muskulatur und Probleme an Ellbogen und Bizepssehne. Vor allem aber bemerkte ich es mental, denn viel zu häufig war ich im Denken gefangen und damit beschäftigt, mein Leben und das Verhalten anderer Menschen vorherzusagen und zu kontrollieren. Und es ist ja auch gar nicht von Nachteil, alles im Griff zu haben, auf Ziele fokussiert zu sein und Dinge in Angriff zu nehmen. Doch sicher bemerken Sie schon an meiner Wortwahl, dass ein zu starkes Verharren in der männlichen Energie, ohne tatsächlich intrinsisch motivierte Absichten zu hinterfragen, einen permanenten Wach- und Kampfmodus auslösen kann. Das führt unweigerlich in eine Stresssituation, in der Ihr Körper jede Menge Enzyme und Hormone ausschüttet, die diesen Zustand körperlich befeuern und das Immunsystem schwächen. Man kann von einem erhöhten Stresslevel sprechen, wenn anhaltend negative Gefühle das Wohlbefinden beeinträchtigen und sich die Körperzellen nicht mehr regenerieren können. Wenn der Körper erst einmal mit dem Stresshormon Cortisol überschwemmt ist, schaffen es die Zellen nicht mehr, den Körper zu entgiften und das Energieniveau stabil zu halten. Jede Überlastung einer Seite, ob es sich nun um die männliche oder die weibliche Seite handelt, bringt den Körper aus der Balance und erhöht die Wahrscheinlichkeit für Störungen und Krankheiten.

Das Denken und Handeln, die Anspannung, die Kontrolle, das Einatmen und das Habenwollen sind männliche Prinzipien, und ich kann sagen, dass hatte ich gut drauf. Ob ich diese männlichen Anteile wirklich für meine ureigenen Interessen eingesetzt habe und inwieweit ich nur einem (gesellschaftlich) gewünschten Bild von mir nachgejagt bin, ist eine ganz andere Frage. An dieser Stelle spielt zunächst nur die späte Erkenntnis eine Rolle, die ureigene weibliche Seite viele Jahre sträflich vernachlässigt zu haben. Das Fühlen, die Entspannung, das Geschehen-Lassen, Sich-fallen-Lassen, Loslassen, das Vertrauen, Ausatmen und pure Sein sind weiblich. Ich musste feststellen, dass ich in aufgeregten Situationen stets vergaß, wieder auszuatmen, und wie schwer es mir fiel, Dinge einfach geschehen zu lassen und annehmen zu können. Plötzlich war mir klar, dass Erlebnisse und Enttäuschungen aus der Vergangenheit noch immer in mir präsent waren und sich auf meine Zukunft auswirkten. Wie wichtig war es doch, diese alten Gefühlsmuster endgültig loszuwerden. Darüber hinaus fiel mir auf, wie schwer ich mich damit tat, anderen Menschen Vertrauen zu schenken und mich dem Leben hinzugeben. Warum musste ich alles ständig kontrollieren? Loslassen war wahrhaftig die größte Hürde, denn ich habe mich nicht nur an negative Glaubensmuster geklammert, sondern wollte auch nichts gehen lassen, was meiner Ansicht nach zu meinem Leben gehörte, es bereicherte und einen festen Platz gewonnen hatte.

Während ich durch die Aufarbeitung meiner kindlichen Empfindungen nach und nach mit mir selbst ins Reine kam und es mir mehr und mehr glückte, diese uralten Muster endlich über Bord zu werfen, ließ das Leben nicht locker und forderte mich weiter heraus. Weil ich so fleißig an den eigenen Lernaufgaben gearbeitet hatte und zeitgleich vielen anderen Menschen im Coaching hilfreiche Perspektiven aufzeigte, hoffte ich insgeheim, vom Leben belohnt zu werden, zum Beispiel, indem wichtige Vorhaben und Liebesangelegenheiten einfach glückten. Doch nichts von alledem geschah, stattdessen ereigneten sich weiterhin Begegnungen mit missverständlicher Kommunikation und bedeutsame Verbindungen wurden gekappt. Erst meine Scheidung, dann der Tod meiner besten Freundin und schließlich der Verlust meiner lieben, treuen Hündin. Zusätzlich herausfordernd war, dass die beiden wichtigsten Frauen und Gesprächspartnerinnen in meinem Leben, meine Mutter (die Fürsorgliche) und meine Tochter (kluge Mentorin), auf unterschiedliche Art und Weise mit sich selbst beschäftigt waren. Meine Mutter machte gerade eine gesundheitlich angeschlagene Zeit durch und meine Tochter war dabei, sich weiter abzunabeln und ihren eigenen Platz im Leben zu finden. Mein Verantwortungsgefühl meldete sich eindeutig mit dem Appell an mich, sowohl meine Mutter als auch meine Tochter bei ihren Prozessen zu unterstützen und die eigenen Gefühle zurückzustellen. Schmerzlich vermisste ich einen Menschen, der mir nahestand und dem ich all das bis ins kleinste Detail hätte erzählen können, was im Grunde nicht meine Art war. Doch die üblichen Ankerpunkte, mein Ehemann, meine Freundin, meine Tochter und meine Mutter, versprachen keinen Halt mehr. Und als schließlich der Moment kam, in dem ich meinen Hund gehen lassen musste, fühlte ich meine Machtlosigkeit und Unfähigkeit, alles im Leben lenken und leiten zu können. Ich durfte lernen, dass das Leben einfach so passiert, auch ohne mein Zutun und ohne meine Kontrolle. Ich erfuhr, wie friedlich es sein kann, die Waffen niederzulegen und sich der Situation hinzugeben. Auch meinen ominösen Seelenpartner ließ ich in dieser Zeit frei, und meine Gedanken an ihn sind friedvoller Natur. Heute mischt sich sogar ein gelegentlich verschämtes Schmunzeln dazu, wenn ich liebevoll daran zurückdenke, wie verzaubert ich in jenen Tagen war.

Ohnehin gelingt es mir nun auf unvermutete Art und Weise, mich selbst uneingeschränkt mit liebenden und einfühlsamen Augen zu betrachten. Die Selbstgespräche sind weniger streng, sondern eher verspielt, charmant und wertschätzend. Es ist ein wohltuendes Gefühl, einfach zu sich selbst zu sagen: „Es ist, wie es ist! Es ist gut, wie es ist! Ich vertraue dem Leben! Das Leben wird mich leiten, und auch wenn ich die ein oder andere Hürde nehmen muss, dann ist auch das gut für mich. Es ist gut für mich, denn ich werde wachsen und wachsen, und ich werde in Liebe handeln und wirken." Sie können sich sicher vorstellen, wie verlockend die Vorstellung ist, mit Liebe sein Leben zu führen. Mit Liebe zu den Menschen, zu den Tieren, zur Familie, zum Beruf, zur Natur und zum Leben als Ganzes.

Doch nicht nur das Loslassen ist ein lebenswichtiges Ritual, auch die Fähigkeit, seine wahren Gefühle und Motive zu klären, ist von immenser Bedeutung. Es war ein absolut wohltuender Prozess, sich von alten Anhaftungen zu befreien und vertrauensvoll in den Fluss des Lebens zu begeben. Auf diese Weise konnte ich das weibliche Prinzip wieder stärken und ausgleichen. Parallel dazu war ich fortlaufend damit beschäftigt, meine Gefühle zu klären und meine Wahrhaftigkeit sowie meinen Mut zu prüfen. Die männliche Energie bedurfte ebenfalls einer Transformation, denn ich hatte sie unzureichend zur Erfüllung meiner wahren Bedürfnisse und Wünsche genutzt. Stattdessen hatte ich viele Jahre verbohrt an einer schon längst gescheiterten Beziehung festgehalten und insgeheim das männliche Prinzip außerhalb von mir gesucht. Es mangelte mir lange Zeit an Selbstvertrauen, der typisch männlichen Energie der Zielfokussierung, der Aktivität, der Durchsetzung, der Entschlossenheit, des Feuers und des Schwertes, mich für mich selbst und für meine Überzeugungen einzusetzen. Mich gelegentlich mit der Maske der Powerfrau zu schmücken und die eigene Wahrheit zu leugnen, schienen mir ein gesellschaftlich angepasstes Verhalten zu sein. Doch nicht nur das Loslassen kann den Weg zur Erfüllung ebnen, das Festhalten ist ebenso wichtig. Finden Sie heraus, welche alte Last Ihr Leben beschwert und losgelassen werden darf, und welche Ihr Leben bereichernden Werte und frohlockenden Gedanken von Ihnen festgehalten werden möchten.

Das Gute sehen

Wenn es darum geht, die eigenen Gefühle zu prüfen und zu klären, sie erneut zulassen zu können und sich auf einen anderen Menschen einlassen zu wollen, geht das Loslassen von Vergangenem und alten Partnerschaften meistens damit einher. Die wichtigste Eigenschaft, die die Fähigkeit des Loslassens begünstigt, ist die innere Weisheit, mit einem liebevollen und sanftmütigen Blick auf einen anderen Menschen schauen zu können. Es ist sozusagen das Gegenteil von bewertend, anklagend und verurteilend. Es ist unheimlich schwer, wenn uns ein nahestehender Mensch enttäuscht und gekränkt hat – und ich glaube, die meisten von Ihnen werden mir da zustimmen –, uns dazu aufzuraffen, nach seinen positiven Merkmalen zu fahnden. Mit rasender Geschwindigkeit sind alle Verletzungen der Vergangenheit präsent und wir finden mühelos Erklärungen und stimmige Kausalketten, um das Verhalten des Gegenübers schlecht zu reden. Wir sind nicht nur in der Lage, uns mental in ablehnenden Begrifflichkeiten zu verstricken, nein, wir schaffen es sogar, unser reiches Gefühlsspektrum mit negativen Empfindungen und Emotionen anzureichern. Sie sind alle da, die Stützen unseres Egos, Schuldzuweisungen, Ablehnung, Eifersucht, Zweifel, Unverständnis, Ärger, Wut, manchmal vielleicht sogar Groll und Hass. Wenn wir es schaffen, so viel negative Energie in eine Überlegung oder eine Empfindung zu packen, dann hält sie uns auf ewig gefangen, macht uns krank, beziehungsuntauglich und einsam. Echtes Loslassen ist ein Freilassen dieser Energien, mit denen wir eigentlich den anderen Menschen strafen wollen, in Wirklichkeit jedoch nur uns selbst schaden. Genauso liebevoll wie Sie auf sich selbst schauen, indem Sie sich Verfehlungen verzeihen und Ihr inneres Kind behutsam in die Arme schließen, blicken Sie auch auf andere. Kein Mensch ist nur schlecht, und erst recht keiner, mit dem Sie Ihr halbes Leben geteilt haben. Dafür gab es ja einst gute Gründe. Vielleicht sind sie Ihnen entfallen oder Sie neigen dazu, die Verantwortung für Ihr Leben und Ihr Wohlbefinden einem anderen zu übertragen. Dabei liegt sie ganz bei uns selbst und wir haben jederzeit die Möglichkeit, eine Entscheidung zu treffen. Vielleicht ist es anstrengend, mühselig und erscheint uns unmöglich, aber sie ist da, die Möglichkeit, einen Beschluss zu fassen. Eine gute Entscheidung für uns selbst zu fällen.

Sollten Sie bei sich bemerken, dass es Ihnen schwerfällt, mit einer Sache Frieden zu schließen, dann setzen Sie sich bewusst hin und vergegenwärtigen Sie sich sämtliche positiven Charaktereigenschaften jenes Menschen, der Sie in Ihrer Empfindungswelt bis zur Weißglut gereizt hat, Ihnen in den Rücken gefallen ist oder das Herz gebrochen hat. Und während Sie das tun, wird Ihnen immer wieder bewusst werden, dass auch dieser Mensch so geworden ist, wie er eben geworden ist, weil er ganz bestimmte Erlebnisse hatte und Erfahrungen gemacht hat, die sein jetziges Verhalten prägen. Bemühen Sie sich aufrichtig und mit Reinheit im Herzen, das Positive zu erkennen. Mit der gleichen Methode gehen Sie auch an die Situationen Ihres Lebens heran: Fragen Sie sich bei jeder einzelnen Situation, an der Sie zu knabbern haben: Was ist der positive Kern darin? Was ist die Botschaft für mich? Was kann ich daraus lernen?

Machen Sie sich bewusst, wie unfassbar erleichternd es sein kann, Menschen ziehen zu lassen und die Vergangenheit vergangen sein zu lassen. Machen Sie sich bewusst oder, noch besser, schreiben Sie auf, was Sie aus diesen Geschehnissen lernen durften, wofür Sie dankbar sind und wie die Ereignisse Ihre Persönlichkeit gestärkt haben. Nun haben Sie die Möglichkeit, sich selbst zu sagen, dass etwas viel Besseres auf Sie wartet, dass Sie noch nicht so weit waren und noch viel zu lernen hatten, und das Leben noch etwas viel Schöneres mit Ihnen vorhat. Spüren Sie Gefühle einer kitzeligen Aufgeregtheit und Freude, wenn Sie schlicht glauben, dass das Leben eine wunderbare Überraschung für Sie bereithält.

Wenn Sie in Ihrem Leben gerade eine transformative Phase durchmachen, sich die bösen Geister der Vergangenheit endgültig verabschieden sollen und Sie Ihren gleich- und gegengeschlechtlichen

Anteil in die Waagschale geworfen haben, dann gehen Sie in den Rückzug. Kapseln Sie sich bewusst, soweit es Ihnen möglich ist, einige Zeit von anderen Menschen und der Hektik des Alltags ab. Suchen Sie die Stille. Bleiben Sie allein. Fristen Sie ein Eremitendasein. Wenn wir mit uns allein sind, schaffen wir es viel schneller und besser, Innenschau zu halten, der eigenen Stimme zu lauschen und tiefste Gefühle wahrzunehmen.

Hier noch einmal die sieben Schritte, die Ihnen helfen werden, Ihre emotionalen Wunden zu heilen und Ihre Anteile ins Gleichgewicht zu bringen. Ich gehe davon aus, dass es Ihnen möglich ist, die eigenen Verletzungen zu erkennen, Ihre Kernwunde zu entdecken, innere Blockaden zu lösen und sich selbst zu ermächtigen, das Leben zu führen, das wirklich zu Ihnen gehört. Der ausführliche, mit zahlreichen Übungen angereicherte zweite Teil des Buches kann Sie hierbei unterstützen. Wie eingangs bereits erwähnt, gehören Gewalterfahrungen und schwere traumatische Erlebnisse natürlich in die professionellen Hände einer erfahrenen Begleitperson.

1. **Rückzug und Stille**
2. **Die Wurzel der emotionalen Wunden entdecken**
3. **Mit Sanftheit und Güte auf die Situation, die beteiligten Menschen und sich selbst schauen**
4. **Das Positive in den Geschehnissen erkennen**
5. **Dankbar sein für die Lernerfahrung**
6. **Mit Anerkennung auf das heutige Selbst schauen**
7. **Das Herz wieder öffnen und die Liebe fließen lassen**

Männlich und weiblich im kollektiven Bewusstsein

Wenn wir als Kinder lernen, dass die Welt ein gefährlicher Ort ist und die Menschen darauf aus sind, uns zu täuschen, zu betrügen oder uns Schlimmes anzutun, dann werden wir unbewusst genau solche Geschehnisse wahrnehmen und als Wahrheit akzeptieren, die uns in unserem Glauben bestätigen. Vielleicht ist die Welt für uns voller Idioten und Betrüger. Wenn uns die Welt und das Leben hingegen als schöner Ort und als zauberhaftes Dasein vermittelt werden, dann ist die Wahrscheinlichkeit, mit Freude unterwegs zu sein und vielleicht sogar ein Wunder zu erleben, um einiges größer. Die Welt ist so, wie wir sie sehen. Sie fungiert als Spiegel unserer Selbst, das bedeutet im Umkehrschluss, dass jeder Einzelne von uns es in der Hand hat, für sein inneres Gleichgewicht zu sorgen, und auf diese Art und Weise auch ein Gleichgewicht in der Welt bewirken kann. Natürlich erst einmal im Kleinen. Wenn ich jedoch mit mir eins bin und inneren Frieden spüre, dann überträgt sich dieses Schwingungsfeld auch automatisch auf die Menschen, die mir nahestehen. Und je mehr Übertragungen es in diesen Vertrauenskreisen gibt, desto größer werden diese Kreise und die Stimmung, gekennzeichnet durch Ausgeglichenheit, Leichtigkeit, Liebe und Freude, erhöht sich von jeder kleinen Familie auf das große Ganze.

Auf der anderen Seite wird jeder unerlöste Mensch, der seine emotionalen Wunden weiterhin mit sich herumträgt und aus dem Ego heraus versucht, andere Menschen kleinzuhalten, einen ebensolchen Kreis ziehen. Seine Schwere, seine Belastungen und seine düsteren Gedanken fangen andere Menschen ein und ziehen sie nach unten. Es liegt also nicht nur unser eigenes Wohlbefinden in unseren Händen, sondern weitergedacht auch das Wohlergehen zahlreicher anderer, die durch unser Defizit und unser mangelndes Selbstvertrauen betroffen sind.

Wenn ich eine Sache in der Persönlichkeitsentwicklung und Transformationsforschung erfahren habe, dann die, dass die Veränderung des Einzelnen einen immensen Einfluss auf uns als Gesellschaft hat. Wir sind alle auf eine unsichtbare Art und Weise miteinander verbunden. Wenn wir es jetzt schaffen, eins mit uns selbst zu sein, dann schaffen wir es auch, diesen inneren Frieden in die Welt zu schicken.

Sei du selbst die Veränderung,
die du dir wünschst für diese Welt.
Mahatma Gandhi

Denken Sie ein paar Minuten über sich selbst nach. Wenn es Ihnen nicht möglich ist, die Vergangenheit loszulassen, dann ist die Vergangenheit Ihre Gegenwart und wird auch zu Ihrer Zukunft. Immer wiederkehrende Endlosschleifen, in denen Sie mit Ihrem vermeintlichen Schicksal hadern, werden Ihre Lebensqualität beeinträchtigen. Sie werden sich entweder einen Schutzpanzer zulegen oder sich von vornherein in die Opferposition begeben. Das ist jedenfalls keine gute Idee auf dem Weg zur Glückseligkeit.

Wenn die weibliche Energie zu mächtig ist, wird sie entweder in ihrer Passivität manipulativ und raubt sich selbst die Freude oder sie wird träge und schwer und flüchtet sich in die Traurigkeit. Eine unerlöste männliche Energie wird leisten, machen und tun, sich geradezu verheizen und verbrennen, und sich doch nur danach sehnen, nach Hause zu kommen. Mit dem Zuhause ist auch das innerliche Zuhause gemeint, das abhängig von der Kraft der (Selbst-)Liebe ist. Und im Außen, da, wo das männliche Prinzip wirkt, ist auch Spaß und Begeisterung zu finden. Wir, als Gesellschaft, benötigen beide Energien, die weibliche, die sich verströmen will, Liebe und Mitgefühl mit sich trägt, und die männliche, die der weiblichen Energie Form und Halt gibt, für Struktur und Freude am Tun sorgt.

Wenn ich mir die Verteilung der Kräfte bei meinen Gesprächspartnern aus der Coaching-Praxis anschaue, werden bestimmte, meist schon von der Jugend an erlernte Denk- und Gefühlsmuster deutlich. Vielen Frauen fehlt es an männlicher Kraft, vielleicht, weil ihnen in der Kindheit eine Vaterfigur oder ein männliches Vorbild fehlten und sie es nun gewohnt sind, diesen fehlenden Teil durch einen Mann im Leben ersetzen zu müssen. Bemerkbar macht sich das durch Selbstzweifel, fehlende Energie, fehlende Entschlossenheit und vor allem durch die Unfähigkeit, sinnvolle Grenzen zu setzen und konsequent Nein zu sagen. Diesen Frauen fällt es schwer, eigene Bedürfnisse zu erkennen und Prioritäten zu setzen. Vielmehr reiben sie sich für andere auf und vergessen dabei, für sich selbst zu sorgen. Genauso sind vielen Frauen die weiblichen Kräfte abhandengekommen, die es ihnen ermöglichen, sich fallen zu lassen und ihren Potenzialen und kreativen Seiten hinzugeben. Die Fähigkeit, die Dinge in aller Ruhe entwickeln zu lassen, abzuwarten, keinen Druck aufzubauen, geduldig zu sein und annehmen zu können. Auch das urweibliche, mütterliche Prinzip der bedingungslosen Liebe, das eine ebensolche Selbstliebe voraussetzt, blieb meist auf der Strecke, sodass eine gesundheitsförderliche Selbstfürsorge in diesem männlich dominierten Leben keinen Platz findet.

Denke ich an meine männlichen Klienten, erinnere ich mich an die Leistungsstarken, die ihren Fokus häufig auf den Erfolg richten und sich im ständigen Wettbewerb überfordern. Es ist so, als würden sie sich einen Kampfanzug überstreifen, um das Leben da draußen überstehen zu können, und nach getaner Arbeit stellen sie ihr Waffenarsenal in den Schrank und schmeißen sich müde in die Ecke. Sie haben verlernt, auf ihren Körper zu hören, der sich nun mit der ein oder anderen Befindlichkeitsstörung meldet. Bei ihnen ist die männliche Energie fehlerhaft mit der Arbeit verknüpft und die weibliche Kraft wird missbraucht für eine passive Haltung sowie ein falsch verstandenes Eingeständnis von Akzeptanz der Situation. An der richtigen Stelle Grenzen zu setzen und sich mit Aufrichtigkeit um sich selbst zu kümmern, wären hier die richtige Vorgehensweise und verschaffen Erleichterung. Es gibt auch männliche Gesprächspartner, die zu sehr in ihrer weiblichen Energie verhaftet sind. Sie bleiben passiv in ihrem Leben, klagen an, verurteilen die anderen, sehen sich selbst als Opfer, das aus eigener Kraft nichts an der unbefriedigenden Situation verändern kann. Hier ist die Herausforderung, in die eigene Männlichkeit zu kommen, Selbstbewusstsein und Selbstvertrauen aufzubauen. Der allererste Schritt jedoch stellt die Bewusstwerdung dar, das eigene Leben aktiv selbst gestalten zu können und sich einen Vertrauenskreis zu schaffen, aus dem heraus Ziele und Visionen verwirklicht werden können. Sozusagen das Schwert in die Hand zu nehmen und für sich selbst und seine Überzeugungen mutig einzustehen. Nicht verbissen, aber mit Biss, ganz dem männlichen Prinzip entsprechend.

Die männliche Energie ist eine wundervolle Kraft, die mit einem festen Charakter und einem moralischen Kompass gekoppelt für Wachstum und Fortschritt sorgt.

Die weibliche Energie ist ein kraftvolles Wunder, das mit Weisheit, Liebe und spiritueller Intelligenz für Freiheit und Frieden sorgt.

Meine persönliche Transformation

Eigentlich ist es schon Transformation genug, dass ich so offen und ehrlich meine eigene Geschichte erzähle und mich damit vielen mir fremden Menschen zeige. Den größten Teil meines Lebens war ich damit beschäftigt, Geheimnisse zu hüten und nicht jedes Gefühl frei auszusprechen oder auf andere Weise durch Mimik und Tränen zum Ausdruck zu bringen. Viel zu groß war meine Angst vor Ablehnung, Kritik, öffentlicher Anfeindung und Sympathie- und Zuneigungsverlust. Das hat sich jetzt verändert, denn zum ersten Mal spüre ich einen festen, stabilen Kern in mir, der mir gut gefällt und mir ein sicheres Zuhause in mir selbst gibt. Bitte glauben Sie jetzt nicht, ich sei perfekt und mir würde nichts etwas ausmachen. Das ist natürlich nicht so, denn meine Sensibilität und Verletzbarkeit sind nach wie vor ein Teil von mir. Ich habe sie lediglich mit anderen Gefühlen verknüpft. Jetzt liebe ich diese weiche Art an mir, sie macht mich zu einem besonderen und ernsthaften Menschen. Ich habe akzeptiert, dass ich eine ewig Lernende bin und das Leben mir genau das gibt, was ich in diesem Moment brauche. Vielleicht stellt es mir eine Hürde in den Weg, eine neue Lernerfahrung, dann bin ich aufgefordert, diese zu meistern. Ich freue mich geradezu darauf, entscheiden zu können, ob ich eine Situation aus eigenem Engagement verändern kann oder ob ich lernen darf, diese einfach so anzunehmen, wie sie ist. Es ist ein ständiges, sehr feines Ausbalancieren der großen Kräfte in mir, des weiblichen und des männlichen Prinzips, um in Ausgewogenheit und Harmonie zu leben. Ich mag sie beide, die Frau und den Mann in mir. Während die Frau in den letzten Jahren gelernt hat, wie machtvoll die weibliche Energie ist, wie viele tolle Frauen es gibt (ich selbst bin eine davon!) und welchen Mehrwert dieses unterstützende Prinzip der ganzen Gesellschaft bietet, ist die männliche Energie endlich in einen selbstbestimmten Fokus gerückt. Ich bin zielgerichteter, von meiner Herzensstimme angetrieben, und schaffe mir selbstbestimmt das Leben, das zu mir passt und mir große Freude bereitet. Ich habe akzeptiert, dass ich nicht für das Leben anderer erwachsener Menschen verantwortlich bin, sondern zunächst für mein eigenes. Ich habe gelernt, dass es nicht darum geht, anderen etwas zu beweisen oder in der Außenwelt etwas darzustellen. Ich bin mir meiner Gefühle bewusst und höre auf die Signale, die mein Körper mir schickt. Ich kann mich selbst spüren und es mir so richtig gut gehen lassen. Und das Beste von alledem: Ich habe endlich losgelassen. All die Dinge, die gar nicht mehr zu mir gehörten oder die mich selbst schon längst losgelassen hatten. Alte Reste vergangener Gefühle wie Wut, Traurigkeit, Selbstzweifel und Angst durften sich endlich verabschieden. Und was meine Beziehungen betrifft zu den lieben Menschen in meiner Umgebung, in meinem beschützten Vertrauenskreis, so waren diese noch nie von so viel Annahme, Mitgefühl und Verständnis geprägt. Das besondere Gefühl dieser Mischung von Ausgeglichenheit, Leichtigkeit und Ganzheit breitet sich zunehmend in mir aus.

Natürlich war es eine Reise, ein Prozess, ein immer wieder aufflammender innerer Kampf, ausgelöst durch meine ganz besondere Seelenbegegnung, die mich zu tiefer Einsicht führte. Ich musste eine ganze Zeit lang auf der dunklen Seite des Mondes wandern und mir meine

Schattenthemen ansehen. Und ich musste der bitteren Wahrheit ins Auge blicken, dass viele von mir abgelehnte Eigenschaften und Verhaltensweisen anderer Menschen in mir selbst zu finden waren. Und was meinen „Mr. Dualis" betrifft, weiß ich heute, dass ich nicht nur einem besonderen Mann begegnet bin, sondern dass mir die unglaubliche Gelegenheit geschenkt wurde, mir selbst zu begegnen. Einem ebenso großmütigen und warmherzigen wie auch kleinmütigen und distanzierten Menschen. Haben Sie auch schon einmal einen Spiegel vor die Nase gehalten bekommen, einen so klaren und tief einsehbaren?

Es gab nicht diesen bestimmten Tag, an dem plötzlich alles anders war. Und es gibt heute immer noch weniger gute und gute Tage, aber ich wache jeden Morgen auf und freue mich darüber, wieder aufzuwachen. In dem Bett, an dem Ort und in dem Land, in dem ich zu Hause bin. Selten suchen mich böse Träume in der Nacht auf oder erwache ich mit einem Gefühl der Besorgnis. Und wenn es passiert, dann weiß ich, dass vielleicht noch Ängste im Verborgenen liegen, die über Generationen hinweg Platz in meinem System gefunden haben. Immer häufiger jedoch erwache ich mit einem unbestimmten, zart vibrierenden Gefühl von Verliebtheit in mir, die keiner ausgewählten Person dient, sondern sich mehr als positives Grundgefühl manifestiert, dem Leben, meinem Sein und meinem Tun mit einer guten Portion Liebe zu begegnen.

Im zweiten Teil erhalten Sie weitere Anregungen, Tipps, Wissen und Weisheiten, wie Sie sich selbst ins Gleichgewicht bringen können. Gutes Gelingen!

Lass dich niemals von dem,
was war, zum Krüppel machen!

aus dem Film
„Ein Haus in der Toskana“

Teil II

Selbstbewusst gleich kerngesund

10 selbstbewusste Entscheidungen für beste Gesundheit

Entscheidung 1

Ich vertraue dem Fluss des Lebens!

Entscheidung 2

Ich vertreibe die Dämonen in mir!

Entscheidung 3

Ich gehe voller Stolz und erhobenen Hauptes meinen Weg!

Entscheidung 4

Ich siege, ohne zu kämpfen!

Entscheidung 5

Ich breche den Panzer auf und lasse mein Licht scheinen!

Entscheidung 6

Ich vereine meine weiblichen und meine männlichen Anteile!

Entscheidung 7

Ich beende giftige Beziehungen!

Entscheidung 8

Ich lasse die Verletzungen meiner Kindheit los!

Entscheidung 9

Ich lebe mit allen Sinnen!

Entscheidung 10

Ich liebe mit Milch und Honig!

Als ich mich selbst zu lieben begann,
habe ich mich von allem befreit,
was nicht gesund für mich war,
von Speisen, Menschen,
Dingen und Situationen und von allem,
was mich immer wieder hinunterzog,
weg von mir selbst,
anfangs nannte ich das „gesunden Egoismus",
aber heute weiß ich, das ist SELBSTLIEBE.

Charlie Chaplin,
Ausschnitt aus der Rede zu seinem
siebzigsten Geburtstag

Ich habe meinen Tumoren Namen gegeben

Vor einigen Jahren, beklemmender Weise genau an ihrem Geburtstag, starb meine Freundin Sherry. Lungenkrebs im Endstadium. Ihr Tod ließ viele offene Fragen in meinem Kopf zurück, vor allem die Frage: Inwieweit sind wir selbst für unser Leben, unsere Gesundheit und unser Glück verantwortlich?

Die moderne Technik ist irgendwie komisch, so habe ich immer noch den WhatsApp-Verlauf auf meinem Handy: „Ein Tumor. Ein Tumor.“ Selbst die Röntgenaufnahmen der Lunge und insgesamt drei Tumore finden sich unter den digitalen Fotos. Außerdem viele Worte der Freundschaft, ihre Stimme, Smileys, Herzchen und Küsschen. Sie war ein wunderbarer Mensch. Ich vermisse ihr Lachen und ihre herzliche Art.

In dieser Zeit befasste ich mich ausgiebig mit dem Thema Krebs. Angefangen bei den gängigen schulmedizinischen Therapien über die richtige Ernährung sowie Nahrungsergänzungsmittel wie Vitamin B17 bis hin zu den Zusammenhängen von Psyche und Krebs. Gibt es sie, die Krebspersönlichkeit? Was hat Stress mit Krebs zu tun?

Meine Freundin, übrigens Nichtraucherin, hatte alle gängigen Therapien ausprobiert und ihre bereits gesunde Ernährungsweise mehrfach umgestellt. Ein Teil von ihr wollte überleben, wollte unbedingt leben, allein schon wegen der Traurigkeit, die sie bei der Vorstellung empfand, ihre Kinder ohne Mutter zurücklassen zu müssen. Doch ein anderer Teil von ihr war hoffnungslos und frustriert, wollte sich aus dem Staub machen.

Es hat den Anschein, als würde Krebs einfach so, ohne Vorankündigung in ein Leben einschlagen. Vielleicht ist es Zufall, vielleicht sind es die Gene oder es ist einfach Schicksal. Häufig kündigen jedoch Zeiten voller Stress und eine Kette nicht abbrechender negativer Emotionen eine schwere Erkrankung an.

Bei ihr war es so. Sie hatte familiäre Probleme, finanzielle Schwierigkeiten und dann kam noch die Menopause. Mal klagte sie über Rückenschmerzen, ein anderes Mal war es ein Virus, dann eine Entzündung und immer öfter depressive Verstimmungen.

Sie hatte eine lieblose Kindheit und als erwachsene Frau nicht genug Widerstandskraft, als ihr der Boden unter den Füßen wegzubrechen schien. Sie verstand es, krank machende Emotionen in ihrem Inneren zu bewahren, anstatt sie herauszuschreien und frei atmen zu können. Zum Schluss gab es nur noch die Gefühle von Hoffnungslosigkeit und Ohnmacht.

„Ich habe meinen Tumoren Namen gegeben", sagte sie zu mir und gab drei Namen aus dem größeren Familienkreis mit einer Art Galgenhumor zum Besten.

Doch sind es wirklich andere Menschen und scheinbar ausweglose Situationen, die uns krank machen? Oder sind es vielmehr unsere eigenen Wahrnehmungen und unser eigenes Urteil? Sind es nicht unsere Haltung, unsere Überzeugungen und tiefliegende Glaubenssätze, die uns eine Realität spiegeln, die wir als die einzig denkbare und existierende akzeptieren?

Wenn wir bemerken, dass etwas ganz gewaltig schiefläuft in unserem Leben, dann sind wir gefordert zu handeln. Wenn ich einen Zustand inakzeptabel finde, wenn kein Kompromiss und keine Lösung in Sicht sind, dann muss ich eine Entscheidung treffen. Wenn ich schweige und den Schmerz still aushalte, geraten meine Seele und mein Körper in Bedrängnis und reagieren mit Stress. **Den Deckmantel über die Wahrheit zu legen, eine Maske zu tragen und die Gefühle einzufrieren, sind keine Optionen. Fehlende Authentizität macht auf Dauer krank.** Es ist verdammt schwer, sich selbst wertzuschätzen und das wirklich Beste für sich selbst zu wollen. Es ist die Herausforderung unseres Lebens, diese innere Weisheit und Widerstandskraft zu gewinnen, um ein starker, stolzer und unbesiegbarer Mensch zu werden.

Ich will vorwegnehmen, dass ich mit „unbesiegbar" meine, den Stürmen des Lebens gewachsen zu sein und jeder menschlichen Herausforderung trotzen zu können. Natürlich kann „das Schicksal ein mieser Verräter“ sein und „das Karma eine Bitch“, doch das sollte uns nicht davon abhalten, mit den Karten, die wir auf der Hand haben, unser bestes Spiel zu machen. Wir sollten uns zeitgleich bewusst werden, dass wir zwar eigenverantwortlich handeln können, es allerdings eine unberechenbare Größe gibt, die in Form von Krankheiten, Kriegen und Katastrophen jeden von uns erwischen kann.

Ein jüdisches Sprichwort sagt: „Der Mensch denkt und Gott lacht.“

Wenn eine handfeste Krankheit bereits eingetreten ist, kann eine Mischung aus schulmedizinischem Wissen und handwerklichem Geschick vielen Menschen weiterhelfen. Doch bevor es soweit kommt, sind ein geschulter Blick auf das Ganze und die Balance zwischen Seele, Geist und Körper die beste Prävention. Der international anerkannte Gastroenterologe Dr. Hiromi Shinya sieht den Menschen als Ganzes und empfindet die zunehmende medizinische Spezialisierung als Fehlentwicklung: „Die Spezialisierung nach einzelnen Organen bedeutet, ausschließlich den Baum, aber nicht den Wald zu sehen. Doch in der Natur existiert nichts für sich allein, alles beeinflusst sich gegenseitig und hält sich auf diese Weise im Gleichgewicht“, schreibt er in seinem Buch „Lang leben ohne Krankheit“. Der Ansatz, einen Blick auf den Wald zu werfen, findet meine Zustimmung. Der Wald besteht eben nicht nur aus Bäumen, sondern auch die Erde, das Wasser und die Luft sind entscheidende Faktoren zur Beurteilung der eigenen Gesundheit.

Ich bin der festen Überzeugung, dass die meisten Menschen nur den Baum sehen und dann in der Hoffnung auf Heilung einen Arzt aufsuchen. Das Wissen um die Zusammenhänge und die emotional erfahrenen Weisheiten, die ich in diesem Buch an Sie weitergebe, sind die Essenz einer intensiven und jahrelangen Auseinandersetzung mit der menschlichen Seele und den Körpersignalen in Form von Befindlichkeitsstörungen und Krankheiten. Damit Sie dieses Buch mögen und von dessen Inhalt profitieren können, ist Ihre Haltung zu den Wechselbeziehungen von Geist, Seele und Körper von entscheidender Bedeutung. Es ist wichtig, sich den neurobiologischen Kreislauf bewusst zu machen, der besagt, dass aus einem Gedanken ein Gefühl und daraus ein körperlicher Zustand, ein Erlebnis werden kann. Umgekehrt funktioniert es ebenso, sprich, aus einem körperlichen Zustand erwächst ein Gefühl und dieses wiederum erzeugt einen bestimmten Gedanken. Somit hängen Unwohlsein und Krankheit entscheidend von unseren Gedanken und Gefühlen ab. Meine Neugierde auf Menschen, ihr Denken, Fühlen und Verhalten, war seit meiner Jugend so groß, dass ich Tausende von tiefgehenden Gesprächen geführt habe, sowohl mit meinen Kunden und Klienten als auch mit Menschen, die des Weges kamen oder zufällig auf dem Platz neben mir saßen. Als ich vor einigen Jahren begann, meine Gespräche zu professionalisieren, und im Coaching eine gesunde Selbstbewusstseinsentwicklung in den Fokus rückte, wurde mir plötzlich klar, warum sich so viele Menschen körperlich unwohl fühlen und nicht die blasseste Ahnung haben, was der tatsächliche Grund dafür ist. Die präzise Wahrnehmung eigener Gefühle und äußerlicher Merkmale ist Voraussetzung für selbstbewusste Entscheidungen und gute Gesundheit.

Um gesund zu bleiben und zu werden, gilt es, drei Bereiche zu berücksichtigen: die eigene Lebensweise, den emotionalen Zustand und die Umwelt. Der emotionalen Befindlichkeit lasse ich an dieser Stelle eine besondere Bedeutung zukommen, denn die Erfahrung hat mir gezeigt, dass die meisten Menschen diesen Faktor und seine Auswirkung auf ihre Lebensweise unterschätzen. Sie bringen ihre immer wiederkehrenden Wehwehchen und Krankheiten in keinen logischen Zusammenhang mit ihren andauernden negativen Gefühlsmustern.

Warum fühlen sich so viele Menschen schlecht, obwohl sie das Thema Gesundheit vermeintlich ganz oben auf der Liste führen? Warum leiden unzählige Menschen an immer wiederkehrenden Magen-Darm-Problemen, obwohl die Ernährungsweise stets bewusster und disziplinierter wird? Warum sind Herz-Kreislauf-Erkrankungen und Krebs auf dem Vormarsch und das auch bei Menschen in der Mitte ihres Lebens?

Hier schon einmal ein erster Erklärungsversuch der amerikanischen Ärztin Dr. Med. Lissa Rankin: „Wenn wir das Flüstern des Körpers nicht hören, dass etwas aus der Balance geraten ist, beginnt er zu schreien.“

Werden Sie zum Experten/ zur Expertin Ihrer Selbst

Wie gesagt, ein wirklich guter Arzt und eine herausragende Ärztin sollten nicht nur das augenscheinliche Problem oder das eingeschränkte Beschwerdebild ihrer Patienten sehen und diese dann wie üblich ins Labor zur Blutabnahme schicken. Ein wunderbarer erster Schritt wäre, dem Leidenden aufmerksam ins Gesicht zu schauen und ihm dann die richtigen Fragen zu stellen. Es ist sinnvoll, einen Zusammenhang zwischen psychischer Verfassung und erkranktem Körperteil herzustellen. Da für diese Art von Vorgespräch und Erstdiagnose schlichtweg die Zeit fehlt, rate ich Ihnen, diese Verantwortung von nun an selbst zu übernehmen. Denn eine schwere Erkrankung mit organischem Befund tritt glücklicherweise ausgesprochen selten ein. Es ist sogar fatal und gesundheitsschädlich, sich dieser Angst vor Krankheit hinzugeben und die Sorge zu tragen, es könnte einen selbst oder eine geliebte Person treffen. Ein solches negatives Gedankenmaterial, das heißt der Fokus auf Krankheit anstatt auf Gesundheit, bewirkt schlimmstenfalls die Anziehung einer solchen. Also, machen Sie sich nicht verrückt und malen Sie sich nicht in Gedanken einen Leidensweg oder ein qualvolles Ende aus. Sollten Sie hierfür besonders anfällig sein, dann möchte ich Ihnen schon an dieser Stelle eine Empfehlung geben:

1. **Denken Sie vorrangig positive und gesundmachende Gedanken.**
2. **Halten Sie sich von Menschen fern, die ständig über Krankheiten sprechen.**
3. **Stoppen Sie die Recherche nach Krankheitsbildern im Internet.**

Lassen Sie mich Ihnen ein Beispiel nennen, welche Art von Fragen Ihnen helfen können. Wenn ich von Befindlichkeitsstörungen spreche, dann sind damit die sogenannten funktionellen Beschwerden oder auch somatoformen Störungen (Erkrankungen ohne eindeutigen organischen Befund) gemeint. Nach mehrheitlichen Aussagen der Allgemeinmediziner betrifft das um die achtzig Prozent der Patienten, und in der Regel handelt es sich dabei um eine Reaktionsform von anhaltendem Stress. Stress kann sowohl durch unseren hektischen Lebensstil, durch Druck von außen, durch erschwerte Lebensbedingungen als auch durch negative Emotionen verursacht werden. Nehmen wir also einmal an, Sie plagen diverse Magen-Darm-Probleme, mit denen Sie sich in trendiger Gesellschaft befinden, als Zeichen unserer nach außen orientierten, sich abhetzenden Lebensweise. Dann suchen Sie vielleicht einen Arzt auf, der so etwas Ähnliches wie eine gereizte oder entzündete Magenschleimhaut, nervöse Blähungen oder ein Reizdarmsyndrom diagnostiziert. Ursache: Stress! Die Empfehlung Ihres Spezialisten lautet vielleicht: Lassen Sie es ruhiger angehen. Kein Alkohol. Kein Kaffee. Kein Fleisch. Nichts Süßes. Nichts Magenreizendes. Nichts Blähendes. Nicht zu heiß. Nicht zu kalt. Nicht zu viel. Nicht zu spät. Versuchen Sie Tee. Kamille. Fenchel. Kümmel. Basen. Flohsamen. Entschäumer. Antazida. Säureblocker. Antibiotika. Und so weiter und so weiter. Vielleicht hilft es, vielleicht hilft es kurz, vielleicht hilft es nichts. Doch niemand ist so vertraut mit seinem Körper und seinen Reaktionen wie Sie selbst. Fragen Sie sich doch einmal, wann genau Ihre Beschwerden anfingen und in welchen Situationen diese immer wieder akut auftauchen. Nehmen Sie Gesicht und Körper unter die Lupe, um nach weiteren Veränderungen Ausschau zu halten. Stellen Sie sich die Frage: Was will mein Körper mir mit dieser Reaktion in Form einer Krankheit sagen? Psychosomatisch betrachtet, hat der Magen nicht nur etwas mit der Verdauung von Nahrung zu tun, sondern auch mit der Verdauung von Informationen, von Gefühlen, Gesprächen, Konflikten, jedem Wortwechsel und jeder Begebenheit, die uns im Alltag widerfahren. Der Darm steht übergeordnet für das „Loslassen“, einmal im medizinischen Sinne eines regelmäßigen Stuhlgangs und auf der anderen Seite für ein Loslassen von Lebensthemen und Altlasten. Es kann sich hierbei um noch unverarbeitete (unverdaute) Ereignisse handeln und um toxische Denk- und Gefühlsmuster sowie einschränkende Glaubenssätze. Inwieweit Ihre Seele aufgeräumt scheint, können Sie dann in der Toilettenschüssel in Form eines wohlgeformten Ergebnisses in Augenschein nehmen.

Sollten Sie also Probleme mit der Verdauung haben, lohnt es sich, zum Experten/zur Expertin Ihrer Selbst zu werden und Antworten auf folgende Fragen zu finden: Welches Thema liegt mir schwer im Magen? Was will mir mein Bauchgefühl sagen? Was genau schlägt mir auf den Magen? Welche Erlebnisse kann ich nicht verdauen? Wer stößt mir sauer auf? Warum dreht sich mir der Magen um? Was finde ich zum Kotzen? Worum mache ich so viel Wind und handle nicht? Woran halte ich fest, obwohl mir ein Festhalten nicht guttut? Wovor habe ich Angst? Mit welchen Entscheidungen will ich mich nicht auseinandersetzen?

Sie sehen, da kommt eine ganze Menge zusammen. Doch wenn Sie bereits ausgeschlossen haben, dass Einflüsse von außen (anatomische Veränderungen, Medikamente, Drogen, eine Lebensmittelvergiftung, Infektionen) die Ursache sind, dann ist ein negatives Emotionsmuster als (psycho-)logische Begründung für Ihre Beschwerden wahrscheinlich. Lassen Sie mich hier bitte aus Gründen der Präzision einer umfassenden und ganzheitlichen Bewusstseinsentwicklung anmerken, dass selbstverständlich auch die Einnahme von Medikamenten und Drogen ein deutlicher Hinweis auf eine Überforderung mit dem eigenen Leben und eine Stressbelastung darstellen. Ebenso kann ein schwaches und funktionsuntüchtiges Immunsystem sowohl Ursache als auch Folge einer negativen Gedanken- und Gefühlschleife und einem Leben im stressinduzierten Schutz- und Überlebensmodus sein.

Die Emotionen, die hinter einer solchen krankheitsauslösenden Kaskade stecken, sind Wut, Ärger, Zorn, Groll, Sorgen, Frustration, Selbstzweifel, Angst, Traurigkeit, Trauer, Kummer, Hilflosigkeit, Ohnmacht, Schwermut, Eifersucht, Neid, Schuld, Scham und vieles mehr.

Wenn negative Emotionen dauerhaft im Körper und in der Körperzelle angesammelt und festgehalten werden, fährt Ihr Körper automatisch das Immunsystem nach und nach herunter. Die Hormone spielen verrückt, die Nährstoffe kommen nicht mehr in der Zelle an und der gesamte Fluss gerät ins Stocken. Dem Körper bleibt schlicht und ergreifend kaum noch Kraft, seine Zellen zu reparieren und zu regenerieren. Schlimmstenfalls zerstört er sich nachhaltig selbst durch Autoimmunerkrankungen und entartetes Zellmaterial.

Die „Goldene Achse der Leichtigkeit"

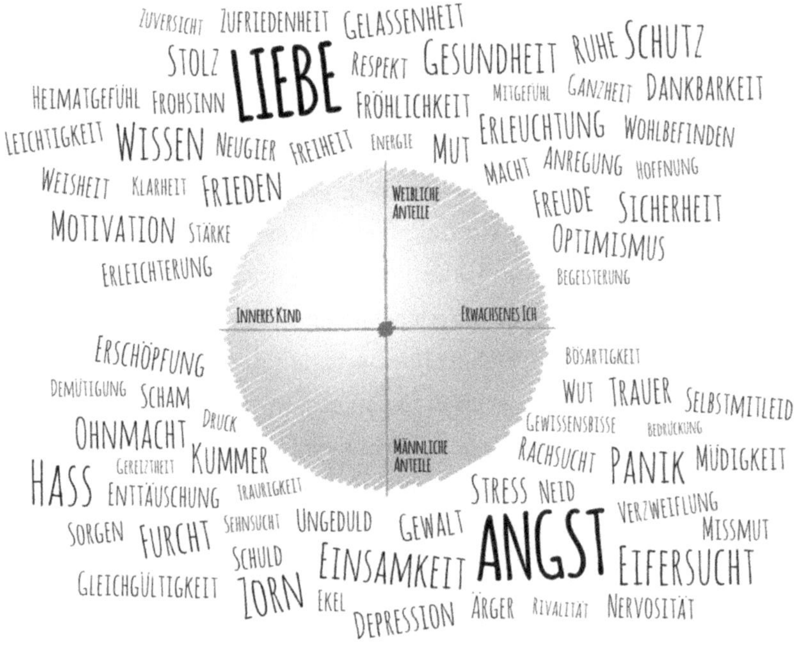

Doch was genau liegt in unserer Verantwortung? Wenn wir wissen, dass gute Gedanken und Gefühle uns gesundhalten, liegt es in unserer Verantwortung, für Balance und inneren Frieden zu sorgen. Das bedeutet, die Störfaktoren und quälenden Situationen im Leben zu erkennen, zu analysieren und bestenfalls zu beseitigen. In erster Linie ist es eine Bewusstmachung der Dinge, die in unserem Leben unstimmig sind. Es geht darum, die eigene Stimme zu hören und dem Ruf des eigenen Herzens zu folgen. Dazu gehört natürlich auch jede Menge Mut, denn wie oft halten wir an Lebenssituationen fest, die uns schon lange nicht mehr guttun. Wie viele Mauern haben wir um unser Herz gebaut, aus Angst, wir könnten wieder verletzt werden? Welche Masken tragen wir, um unser Umfeld zu täuschen und bedauerlicherweise uns selbst am allermeisten?

Die Erforschung der eigenen Seele und der tiefsten Ängste ist die Voraussetzung dafür, kluge Entscheidungen zu treffen und das eigene Wohlbefinden zu erhalten oder wiederherzustellen. Kluge Entscheidungen sind solche, die ganz speziell für uns und unsere Situation die richtigen sind. Das zu benennen, ist mir an dieser Stelle ganz besonders wichtig, denn jede Form von Dogma, kollektiven Zwängen, gesellschaftlichen Trends oder einer „Erhobenen-Zeigefinger-Kultur" lehne ich konsequent ab. Ich bitte Sie darum, Ihren Geist zu öffnen und genau hinzuschauen und hinzufühlen, welche Informationen und welche Weisheiten für Sie annehmbar und umsetzbar sind. Ich biete Ihnen einen Mix aus den neusten wissenschaftlichen Erkenntnissen und einem jahrtausendealten, über Generationen und Kulturen überlieferten Wissen. Entscheiden Sie selbst, was Ihnen weiterhilft, und lösen Sie sich von dem Gedanken, dass Sie so ticken wie Ihre Mutter, Ihr Partner, Ihr Nachbar oder wie alle Frauen oder alle Männer.

Die obenstehende Zeichnung erleichtert Ihnen die bildliche Vorstellung der „Goldenen Achse". Es gilt, eine Balance in unserem Inneren anzustreben, die in der Folge Seelenfrieden, Wohlbefinden, Glück und Gesundheit verspricht. Sie sehen eine goldene Kugel, die ihre größte Leichtigkeit durch eine ausgewogene Mitte erhält und dann nach oben aufsteigen kann. Die eigene Mitte ist bei uns Menschen individuell unterschiedlich fixiert, doch die beiden Achsen sind nach meinen Erfahrungswerten die wichtigsten Parameter, wenn es um seelische Gesundheit und somit auch um körperliches Wohlbefinden geht. Unsere Aufgabe ist es, zum einen unsere weiblichen und männlichen Anteile in eine Ausgewogenheit zu bringen und zum anderen eine Harmonie zwischen unseren Gefühlen als Kind und als Erwachsener zu schaffen. Ich werde auf beide Themenbereiche später noch genauer eingehen. Wenn diese Kugel, die wir emotional gesehen in uns tragen, über eine zentrale und ausgewogene Mitte verfügt, dann leuchtet sie (rein symbolisch betrachtet) und steigt empor. Die Welt, die Menschen und das Leben um uns herum bestehen aus positiven und negativen Realitäten, Emotionen und Geschehnissen. Wenn wir in unserer Mitte und in unserer Leichtigkeit sind, dann säen und ernten wir wohltuende Gefühle und gute Gesundheit. Es ist eine Form von spiritueller Intelligenz und intuitivem Wissen darüber, dass das Wachstum des Einzelnen eine positive Veränderung in der Weltgemeinschaft bewirkt. Alles ist mit allem verbunden, und je mehr Menschen es schaffen, ihre persönliche Leuchtkugel aufsteigen zu lassen, desto mehr von ihnen werden gute Gefühle ernten und somit auch eine gute Gesundheit. Und wie bereits gesagt: Gute Gefühle sind ansteckend. Wenn wir uns mit Menschen umgeben, die warmherzig und wertschätzend sind, beeinflusst uns das auf andere Weise als der Umgang mit kalten und respektlosen Personen. Daher ist es ratsam, die eigenen Gefühle zu verändern und auf sein Umfeld inspirierend und heilsam zu wirken. **Das Geheimnis für gute Gesundheit lautet dementsprechend: Schwere, Altlasten und Ballast verlieren und Leichtigkeit, Frieden und Glückseligkeit gewinnen.**

10 selbstbewusste Entscheidungen für beste Gesundheit

Entscheidung 1

Ich vertraue dem Fluss des Lebens!

Weil er an Wunder glaubt,
geschehen auch Wunder.
Weil er sich sicher ist,
dass seine Gedanken sein Leben verändern können,
verändert sich sein Leben.
Weil er sicher ist,
dass er der Liebe begegnen wird,
begegnet ihm diese Liebe auch.

Paulo Coelho,
Handbuch des Kriegers des Lichts

Was mich wirklich krank macht:

Angst, Zweifel, Misstrauen, Kontrollsucht, fehlendes Urvertrauen, fehlender Glaube, Grübeln, Sich-Sorgen-Machen

Was machen diese Gefühle mit uns auf körperlicher Ebene? Wenn wir dauerhaft in einem Zustand der Angst und des Misstrauens sind, befinden wir uns fortwährend in einem Stresszustand, auch als Schutz- oder Überlebensmodus bekannt. Die Annahme, das Leben sei nicht unser Freund und würde uns bei jeder Gelegenheit Knüppel vor die Beine werfen, lässt uns im wahrsten Sinne des Wortes verhärten und verengen. Verhärtungen können Sie zum Beispiel hervorragend am Rücken- und Nackenbereich bemerken. Wenn die Angst zuschlägt, schützen wir uns vor feindlichen Angriffen der Außenwelt, indem wir uns eine imaginäre Ritterrüstung anlegen. Ein steifer Nacken verhindert eine Kopfdrehung zur linken oder rechten Seite, wir bleiben stur und scheuen das Risiko unterschiedlicher Betrachtungsweisen. Wir wollen nicht von unserem Weg abweichen, keine neuen – womöglich gefährlichen – Erfahrungen machen. Lieber verstecken wir uns in unserem eigenen eng gesteckten Umfeld. Wir entwickeln einen Tunnelblick, der schlimmstenfalls eine Augenerkrankung und eine Beeinträchtigung unseres Gesichtsfeldes nach sich zieht. An jeder Stelle unseres Körpers können sich Ängste, Zweifel und Misstrauen durch Verhärtungen der Muskulatur manifestieren. Unabhängig davon, dass diese Verhärtungen schmerzen können, schlecht durchblutet sind und zu Fehlbelastungen führen, drücken sie auch auf unsere Nerven und beeinflussen die Funktion der inneren Organe. Das Resultat sind innere Verkrampfungen, die natürlich in der Folge zu weiteren gesundheitlichen Problematiken führen können wie Verdauungsbeschwerden, Schlafstörungen und Atemproblemen. Es ist eine wichtige Erkenntnis, dass Angst (lateinisch verwandt mit angustus bzw.

angustia: Enge, Beengung, Bedrängnis) Enge schafft. Wenn Sie einmal einen Krampf oder eine Muskelverhärtung hatten, wissen Sie, dass die erneute Anregung der Durchblutung, z. B. durch Enzyme und Mineralien, eine heilsame Wirkung haben kann. Der Fluss des Blutes (des Lebens) sollte also in Gang gehalten werden und geschmeidig laufen. Wenn Vertrauen fehlt und Sorgen, Probleme und eingebildete Horrorszenarien Ihren Alltag beherrschen, wechseln Sie schnell in den bekannten Schutzmodus. Diese Reaktion verengt automatisch die Blutgefäße und kann zu vielen unterschiedlichen Erkrankungen rund um das Herz-Kreislauf-System führen. Ebenso wie das Rauchen von Zigaretten die Gefäße verengt und die reibungslose Durchblutung sowie den Sauerstofftransport verhindert, kann ein Kontrollzwang und ein dauerhaftes Angstgefühl Sie vom Saft des Lebens abschneiden. Wenn Sie also blass im Gesicht, Ihre Schleimhäute trocken sind oder Ihnen schwindelig ist, können Sie vielleicht mit weniger Zigaretten, häufigerem Joggen oder gesunder Ernährung punkten. Doch Sie können genauso gut einmal prüfen, wie es um Ihre Angstgefühle und Ihr Kontrollbestreben steht. Vielleicht ist mangelndes Vertrauen der Grund für Ihre schlechte Durchblutung und ein Verlust an Lebensfreude. Die Krankheitsbezeichnung „Angina“ steht übrigens für Enge und Beklemmung. Eine Angina pectoris ist eine Minderdurchblutung der Herzkranzgefäße und kann schlimmstenfalls sogar zu einem Herzinfarkt führen.

Warum das eine gute Entscheidung ist:

Vertrauen ist ein wahres Wundermittel. Vertrauen ist die Grundvoraussetzung für eine gesunde Liebesbeziehung. Selbstvertrauen ist die Basis für ein erfülltes Leben. Und das Gefühl eines universellen und ursprünglichen Vertrauens ist eine wichtige psycho-emotionale Komponente, die darüber entscheidet, wie gesund wir sind und bleiben. Es ist eine Art Gottvertrauen oder auch Urvertrauen.

Viele Dinge im Leben lassen sich kontrollieren. Ich kann Pläne machen und Ziele verfolgen. Ich kann recherchieren, untersuchen, analysieren, beobachten, hinterfragen, vortäuschen und manipulieren. Ich kann dafür sorgen, dass so wenig wie möglich zufällig passiert und negative Überraschungen ausbleiben. Ich kann mich weitestgehend schützen vor Menschen, die mich mit Röntgenaugen betrachten, mich verunsichern, reinlegen, mir Blödsinn erzählen, mich beeinflussen oder mir gar an den Kragen wollen. Ich kann mich bewaffnen, die Dunkelheit meiden, Menschenansammlungen umgehen, Staus umfahren, die Warnungen des Auswärtigen Amtes befolgen, geimpft, gesichert, vorbereitet und trainiert sein, und trotzdem kann ich niemals die hundertprozentige Kontrolle haben. Weder über mein Leben noch über das eines anderen, und schon gar nicht über das Weltgeschehen, das Klima und die Macht des Universums.

Menschen, die ständig krampfhaft versuchen, die Kontrolle zu behalten, werden von ihren Ängsten geleitet. Das Urvertrauen eines jeden Menschen wird bereits in den ersten Lebensjahren der Kindheit geprägt, und wenn Sie hier nicht ausreichend umsorgt und beachtet worden sind, dann kann es später im Leben zu Problemen und Vertrauensverlusten im sozialen Umfeld kommen. Negative Erfahrungen verstärken wiederum die Skepsis und das Misstrauen, sodass der Betroffene emotional in den Rückzug geht und ein negatives Weltbild entwickelt. Um diesen bitteren Kreislauf zu durchbrechen, ist folgende Bewusstseinskette wichtig: Loslassen – Akzeptieren – Glauben – Vertrauen – Lebensfreude.

Stellen Sie sich doch einfach mal vor, Sie tragen einen mit Wein (Symbolik: Herzblut) bis zum Rand gefüllten Kelch mit sich herum. Mit diesem vollen Glas müssten Sie nun eine Art Hindernislauf meistern, über Pfützen springen, durch Rohre krabbeln und Berge besteigen. Schließlich landen Sie auf einer belebten Straße, Menschen hetzen eilig an Ihnen vorbei und manche rempeln Sie lieblos an. Das ist das Leben. Bei den vielen Herausforderungen bleibt es nicht aus, dass der Wein über den Rand spritzt und sich das Glas leert. Sie geben sozusagen unfreiwillig etwas ab. Sie verlieren sich. Es ist nicht der Kelch, mit dem Sie zu Beginn gestartet sind.

Wenn Sie es schaffen, nicht gierig jeden Tropfen bis zum Anschlag in Ihr Glas zu füllen, sondern wohldosiert unterwegs sind, wird Ihr Kelch und sein Inhalt der gleiche bleiben. Sagen Sie Nein, wenn andere Ihnen zwanghaft nachschenken wollen und Sie Ihr Glas als gut gefüllt betrachten. Lassen Sie direkt zu Anfang etwas weg oder etwas los. Wenn Ihr Kelch nur zu drei Vierteln mit Wein (Herzblut) gefüllt ist, werden Sie ihn spielerisch durch die Herausforderungen des Lebens manövrieren. Vielleicht ist Bewegung in Ihrem Kelch, doch der wertvolle Saft bleibt Ihnen erhalten. Übrigens: Innerhalb des uralten Wissens der Traditionellen Chinesischen Medizin ist bekannt, dass es der Herzgesundheit abträglich ist, zu jeder Zeit alles mit vollem Einsatz des Herzens in anregender Stimmung erleben zu wollen. Es macht uns hyperaktiv, erschöpft uns und lässt uns sogar hysterisch reagieren. Chinesische Face Reader erkennen es an den viel zu langen Lachfalten, die vom Auge nach oben bis in den Haaransatz reichen. Es lohnt sich also, gechillt und mit leichtem Gepäck zu reisen, statt gehetzt auf der Überholspur den Freuden des Lebens nachzujagen.

Ein Zuviel, vollkommen gleichgültig wovon, schadet unserem Wohlbefinden. Die Kunst des Loslassens ist die Entscheidung für mehr „Sein“ und für weniger „Haben“. Es ist eine Entscheidung für Authentizität, Reinheit, Ehrlichkeit und somit auch für bessere Gesundheit. Völlerei, Gier, Maßlosigkeit und Schwere verhindern Gefühle des Wohlbefindens und der Erfüllung. Diese Form eines maßvollen Verhaltens wird auch in religiösen Lehren wiederholt gepredigt. Auf das Loslassen negativer Emotionen werde ich später noch genauer eingehen.

„Es ist, wie es ist“, oder wie man hier bei uns im Rheinland sagt: „Ett kütt wie ett kütt.“

Es gibt Dinge, die einfach passieren. Nichts bleibt, wie es ist. Nichts ist von Dauer. Alles ist im Wandel. Im Buddhismus wird gelehrt, dass Elend, Leid und Unzufriedenheit aus der Tatsache erwachsen, dass wir uns gegen Veränderungen sträuben und ständig versuchen, alles festzuhalten, Menschen und Dinge an uns zu binden. Wir müssen Dinge loslassen, damit etwas Neues folgen kann. Das ist der natürliche Lauf des Lebens. Wenn wir uns wehren und nicht akzeptieren können, dass nicht alles durch uns selbst veränderbar ist, machen wir uns das Leben unnötig schwer. Wir alle werden irgendwann alt, krank und sterben. Wir können nicht beeinflussen, dass sich die Menschen in unserem Umfeld verändern. Und genauso wenig haben wir Einfluss auf die Macht der Natur. Aus diesem Grund ist es geradezu eine Königsdisziplin, zu akzeptieren, was sich nicht verändern lässt. Vielleicht kennen Sie das häufig zitierte Gelassenheitsgebet des Theologen Reinhold Niebuhr:

„Gott, gib mir die Gelassenheit, Dinge hinzunehmen, die ich nicht ändern kann, den Mut, Dinge zu ändern, die ich ändern kann, und die Weisheit, das eine vom anderen zu unterscheiden."

Eine solche Haltung setzt Glauben voraus, und es lohnt sich, diesen aus rein gesundheitlichen Gründen zu kultivieren. Er ist die Grundvoraussetzung dafür, sich dem Fluss des Lebens hingeben zu können. Nur wer glaubt, kann dem Prozess des Lebens vertrauen.

Ich möchte Ihnen das Thema Glaube gern auf zwei Ebenen näherbringen. Vielleicht ist Ihnen als Erstes durch den Kopf geschossen, dass Sie mit Gott und Glauben nichts am Hut haben, dass es ohnehin Ungerechtigkeiten und Missstände auf der Welt gibt und Sie sich nur auf sich selbst verlassen können. Und damit liegen Sie nicht einmal falsch. Rein gesundheitlich betrachtet ist es jedoch besser für Sie, zu glauben, dass nicht alles zu einhundert Prozent in Ihren Händen liegt. Sie tragen zwar selbst die Hauptverantwortung für Ihr Leben, Ihr Glück und Ihre Gesundheit, aber das letzte Wort spricht jemand anderes. Diese Haltung lässt Sie gelassener und vertrauensvoller werden. Das muss natürlich nicht Gott sein, es kann auch der Kosmos, die Schöpfung, die geistige Welt, das Universum oder eine höhere Macht sein. Was auch immer Ihnen zusagt, es geht um die Akzeptanz, dass es da draußen mehr gibt als Sie und Ihre eigene Gedankenwelt. Dass dort eine Kraft herrscht, die Sie auffängt, beschützt und wie an einem unsichtbaren Faden sicher durch das Leben geleitet. Es entspannt Ihre Nerven und Ihre Muskulatur, die Kontrolle gelegentlich abzugeben und in einem Akt des tiefen Glaubens zu versinken. Geben Sie sich hin, lassen Sie los, vertrauen Sie.

Der zweite wichtige Aspekt ist der Glaube als Möglichkeit, „Berge zu versetzen“. Sie haben grundsätzlich die Wahl, einen positiven oder einen negativen Gedanken zu glauben. Die Kraft des Glaubens entscheidet darüber, welches Ergebnis für Sie Realität wird. Man spricht auch von selbsterfüllender Prophezeiung und vom Placeboeffekt.

Dr. Werner Bartens berichtet in seinem Buch „Körperglück“ von einem unglaublichen Experiment, das in den 1930er-Jahren in Indien zugelassen wurde. Damals gab es einen Arzt, der einen zum Tode verurteilten Schwerverbrecher davon überzeugte, dass es für ihn angenehmer sei, durch langsames Verbluten als wie üblich durch den Strang zu sterben. Das würde zwar länger dauern, sei dafür jedoch vollkommen schmerzfrei. Der Gefangene willigte in das Experiment ein. Der Arzt fesselte ihn an sein Bett und verband ihm die Augen. Dann montierte er jeweils einen mit Wasser gefüllten Behälter an die vier Bettpfosten, und zwar so, dass das Wasser in eine auf dem Boden stehende Schüssel tropfen konnte. Anschließend ritzte er die Haut des Gefangenen an Armen und Füßen leicht auf, ohne dass dieser verletzt wurde oder blutete. Danach drehte er die Behälter mit dem Wasser auf, das erst schnell und dann immer langsamer in die Schüsseln tropfte. Der Gefangene wurde zunehmend schwächer. Der Arzt sprach immer leiser und leiser. Schließlich war es ganz still im Zimmer. Er wollte sich vergewissern, ob der Gefangene eingeschlafen oder gar ohnmächtig war. Natürlich wäre es ungewöhnlich gewesen, denn immerhin hatte er es mit einem gesunden und jungen Mann zu tun. Als er sich ihm näherte, um die Ohnmacht zu überprüfen, stellte er fest: Der Mann war tot. Einfach gestorben. Ein gesunder, junger Mann. Einfach tot, ohne einen einzigen Tropfen Blut zu verlieren.

Wie Sie sehen, kann das, woran man fest glaubt, passieren. Und bitte denken Sie nicht, das sei eine erfundene Geschichte oder ein Einzelfall. Nein, ganz im Gegenteil, es gibt unzählige Geschichten und Studienergebnisse aus der Placeboforschung. (Der Placeboeffekt bezeichnet positive Wirkungen, die durch die Verabreichung eines (Schein-)Medikamentes und den festen Glauben daran, dieses würde helfen, entstehen.) Wobei das geschilderte Experiment eher ein Beispiel für den sogenannten Noceboeffekt ist, der mehr schadet, als nutzt. In diesem Fall wurde durch die Stärke der Glaubenskraft sogar der eigene Tod herbeigeführt. Vielen ist der Noceboeffekt auch durch die Beipackzettel der Medikamente bekannt, deren Inhalt einem durch pures Durchlesen bereits einige Nebenwirkungen bescheren kann. Erhellend sind auch die Testversuche zur Wirkung eines Brechmittels, bei denen die Probanden, im Glauben, es sei ein solches, ein wenig Zuckerwasser tranken. Wie erwartet, mussten sich achtzig Prozent der Teilnehmer übergeben. Es gibt auch Studien, bei denen Testpersonen eine Kochsalzlösung verabreicht wurde, die diese für ein Chemotherapeutikum hielten. Dreißig Prozent der Teilnehmer verloren daraufhin ihre Haare.

Der Glaube kann Patienten mit Knieproblemen sogar schmerzfrei machen, aufgrund einer Operation, die nie gemacht worden ist. Im Zuge eines medizinischen Experiments aus den USA wurde bei 180 Arthrose-Patienten eine Operation geplant. Zwei Drittel wurden tatsächlich operiert, das heißt, das betroffene Knie wurde aufgeschnitten, ausgeschabt und der Knorpel geglättet. Ein Drittel der Patienten erhielten nur zum Schein eine Operation, die Ärzte machten lediglich einen kleinen Schnitt, um einen operativen Eingriff vorzutäuschen. Nach zwei Jahren waren neunzig Prozent der Arthrose-Patienten zufrieden mit ihrem Ergebnis und weitestgehend schmerzfrei. Sie werden es nicht glauben, doch die Mehrheit von ihnen hatte lediglich die Scheinoperation erhalten.

Dem Fluss des Lebens zu vertrauen, bedeutet also zum einen, an eine höhere Macht zu glauben, die uns mit Gefühlen von Zuversicht und Gelassenheit durch ein manchmal dürres und steiniges Tal des Lebens geleitet. Zum anderen ist es eine klare Aufforderung, dem Leben mit einer positiven Grundhaltung zu begegnen. Wenn Sie neben einer Dreckpfütze oder, vielleicht noch besser, in der Dreckpfütze stehen, wäre es schlichtweg falsch, sich einzureden, es gäbe gar keine Dreckpfütze. Wenn Sie jedoch in einer Dreckpfütze stehen und auf Ihrer Hand landet ein wunderschöner bunter Schmetterling, dann wäre es klug und heilsam für Sie, diesen einmal näher zu betrachten und sich an seiner Erscheinung zu erfreuen. Es ist Ihre Entscheidung im Leben, ob Sie vermehrt die Dreckpfützen sehen oder die Schmetterlinge. Beides ist da, beides ist Realität. Es hält Sie dauerhaft gesund, wenn Sie es schaffen, mehr auf das zu achten, was bereits da ist, und nicht auf das, was Sie noch entbehren.

Ein japanisches Sprichwort sagt, Sie können Ihr Leben entweder kurz und dick oder lang und dünn leben. Kurz und dick heißt, Sie hauen ordentlich auf den Putz und sind dafür früher weg vom Fenster. Lang und dünn heißt, Sie leben ständig achtsam, gehen meistens früh schlafen, ernähren sich gesund und vermeiden zu viel Aufregung, Lust und Genuss. Beides ist letzten Endes nicht erstrebenswert, warum also nicht die Möglichkeit in Betracht ziehen, ein langes und dickes Leben zu leben? Wie das geht? Meiner Meinung nach mit der richtigen Einstellung, mit Glauben und der Fähigkeit, sich selbst und dem Leben zu vertrauen. Kultivieren Sie positive Emotionen wie Liebe, Dankbarkeit, Vertrauen, Mitgefühl, Sicherheit, Hilfsbereitschaft und Zuversicht. Ritualisieren Sie verschiedene Übungen, die Sie zu einem wertschätzenden Menschen machen.

Wenn Sie dem Fluss des Lebens vertrauen wollen, ist es von Bedeutung, Gefühle der Dankbarkeit in Ihrem Inneren zu aktivieren. Sie kennen das bereits aus der christlichen Lehre und anderen Religionen, doch es ist ebenso eine Erkenntnis aus der Positiven Psychologie, einer wissenschaftlichen Richtung, die Ende der 1990er-Jahre in den USA entstanden ist. Vielleicht ist es Ihnen vertrauter als „Internationale Glücksforschung“. Hierzu wird an den Elite-Universitäten der Welt geforscht, warum manche Menschen glücklich sind und wie sich die Ergebnisse für die alltägliche Anwendung systematisieren lassen. Es ist nämlich bewiesen, dass gesunde Menschen zwar nicht automatisch glücklicher sind, aber glückliche Menschen auf jeden Fall gesünder.

Wie ich vorbeugen und heilen kann:

Dankbarkeitsritual, beten, Gemeinschaft leben,
Zeit für Muße

Dankbar können wir für alles Mögliche in unserem Leben sein, zum Beispiel für das Leben selbst und die Liebe. Für unsere Familie, Freunde, für Gesundheit, Sicherheit, Demokratie, Chancen und die medizinische Versorgung in unserem Land. Doch wie oft vergessen wir, uns dankbar zu zeigen, für die kleinen Dinge, über die wir häufig hinwegschauen und die wir als Selbstverständlichkeit erachten. Das Winken der Oma am Fenster, das Lächeln der Verkäuferin hinter der Brottheke, den vom Partner aufgebrühten Kaffee mit dem perfekten Milchschaum, der schwanzwedelnde Hund beim Nach-Hause-Kommen, das gemalte Herzchen auf dem Zettel, die ausgeräumte Geschirrspülmaschine, das frisch gewaschene Auto, das anerkennende Schmunzeln des Kollegen, die wertschätzenden Worte in der Kunden-Mail, die Entdeckung des Schornsteinfegers auf der Straße, das fantastische Wochenhoroskop in der Klatschpresse, das Kompliment der Nachbarin, munter und fröhlich den Karneval zu feiern, die spannende Fußballübertragung im TV und so weiter und so weiter.

Sie können natürlich, wie es in anderen Kulturen durchaus üblich ist, ein Dankbarkeitsritual durchführen, indem Sie zum Beispiel zu einem Wasserfall wandern oder in der Schwitzhütte mit anderen Teilnehmern dieses wunderbare Werkzeug für mehr Lebensqualität zum Einsatz bringen. Hier werden mehrere Fliegen mit einer Klappe geschlagen, da Sie ganz nebenbei Gemeinschaft leben und zusätzlich eine Reinigungszeremonie erleben können. Doch wie könnte Ihr Dankbarkeitsritual in der alltäglichen Praxis aussehen?

1. **Jeden Morgen nach dem Aufwachen schreibe ich zehn Dinge auf, für die ich in meinem Leben dankbar bin.**
2. **Jeden Abend vor dem Zubettgehen notiere ich drei Dinge in mein Dankbarkeitstagebuch, für die ich an diesem Tag dankbar bin.**
3. **Jeden Abend schreibe ich drei Erfolge auf – was ist mir heute gut gelungen?**
4. **Jede Woche spreche ich einer Person in meinem Umfeld meinen Dank aus, oder ich schreibe ihr einen Dankesbrief (E-Mail).**
5. **Jeden Tag gehe ich eine kleine Strecke in der Natur spazieren, achte auf die Schönheit um mich herum und sage laut, wofür ich dankbar bin.**
6. **Jeden Tag schreibe ich auf einen kleinen Zettel, wofür ich dankbar bin, und verwahre diesen in meiner Schatzkiste. Einmal in der Woche schaue ich mir meine gut gefüllte Kiste an.**
7. **Jeden Tag schreibe ich auf mein leeres Wandbild, wofür ich dankbar bin, und male eine kleine Zeichnung oder ein Symbol daneben. Ein Foto auf meinem Handy kann mich sogar daran erinnern, wenn ich unterwegs bin.**

Diese Auflistung soll für Sie eine kleine Anregung sein. Natürlich sind Ihrer Fantasie keine Grenzen gesetzt, Sie können kreativ und spielerisch kleine Rituale in Ihren Alltag einbauen. Begeben Sie sich jeden Tag in ein Gefühl der Dankbarkeit und richten Sie Ihre Aufmerksamkeit auf die Fülle in Ihrem Leben, weg vom Mangel, hin zu allem, was bereits da ist.

Eine weitere Möglichkeit, wenn Sie ohnehin gläubig sind, bieten Gebete und Lieder. Hören Sie sich gern den heiteren Song „Danke für diesen guten Morgen“ auf YouTube an, am besten mit Textversion zum täglichen fröhlichen Mitsingen. Ein Gebet, in vielen religiösen Lehren ein verbales und nonverbales Ritual, um in der Regel eine Bitte auszusprechen, kann für unsere Zwecke umgewandelt werden. Wir können unseren eigenen „Dankestext" verfassen, sogar für unsere hoffnungsvollen und zuversichtlichen Gedanken, die sich in der Zukunft manifestieren wollen. Sie können einen Text schreiben und sich diesen selbst laut vortragen. Wenn Sie die stille Variante bevorzugen, dann bietet es sich an, Zeile für Zeile zu lesen und jeden Satz für sich nachwirken zu lassen. Stellen Sie sich bildlich vor, wofür Sie sich bedanken wollen, und fühlen Sie diese Gefühle im Herzen nach. Natürlich können Sie auch ohne Worte bei zur Entspannung beitragender Musik in bequemer Lage einen Zustand erreichen, der Ihnen das Gebet in Form eines meditativen Zustandes ermöglicht. Es ist dabei völlig Ihnen überlassen, ob Sie der Himmelsrichtung, der Uhrzeit, Ihrer Bekleidung oder irgendwelchen Symbolen Bedeutung schenken.

Entscheidung 2

Ich vertreibe die Dämonen in mir!

Die Gegenwart kann man
nicht genießen,
ohne sie zu verstehen,
und nicht verstehen,
ohne die Vergangenheit zu kennen.

Sigmund Freud

Was mich wirklich krank macht:

Scham, Schuld, schlechtes Gewissen

Wenn ich Klienten oder Menschen in meinem Umfeld auffordere, ihre negativen Emotionen zu benennen, dann gehen ihnen Worte wie Ärger, Wut, Kummer, Unzufriedenheit, Verzweiflung und Traurigkeit leicht über die Lippen. Wenn ich dann in einem zweiten Schritt über Scham- und Schuldgefühle spreche, können die Wenigsten, auf ihre individuelle Situation übertragen, etwas damit anfangen, doch bei näherer Betrachtung fallen ihnen dann buchstäblich die Schuppen von den Augen. Sie stellen fest, dass ihre Vergangenheit sie mit den eingebrannten Glaubenssätzen der Eltern, Vertrauenspersonen und manchmal sogar einer ganzen Generation negativ beeinflusst und nachdrücklich manipuliert. Scham, Schuld und ein schlechtes Gewissen können unbemerkt in uns schlummern und destruktive Ereignisse sowie schwere Krankheiten auslösen. Die Symptome können vielfältig sein und eingravierte Schuldgefühle schlimmstenfalls Gefühle der Ohnmacht nach sich ziehen und in einer Krebserkrankung enden. Metaphysisch betrachtet, kann ein Schuldgefühl unbewusst auch in Form eines Familiengeheimnisses bewahrt werden, und der große emotionale innere Konflikt drückt sich durch erhöhten Blutdruck, einer Hypertonie, aus. Wer mit Schuld lebt, sprich, sich für eine Sache schämt und sich schuldig fühlt, kann auch zu einer selbstzerstörerischen Handlungsweise neigen. Diese Menschen tendieren dazu, sich zu schneiden, zu ritzen oder zu kratzen, und auch Verbrennungen und Unfälle sind keine Seltenheit. Vielleicht haben auch Sie an Ihrer Schuld schwer zu tragen und es lastet tonnenweise auf Ihren Schultern. Verdauungsbeschwerden, Unwohlsein, Kopfschmerzen und Schlaflosigkeit sind ebenso wahrscheinlich, da Sie sich schlimmstenfalls noch mit Konflikten, Misserfolgen, Pleiten, Pech und Pannen herumschlagen.

Das Prinzip, das sich hinter dieser Negativschleife versteckt, ist die selbsterfüllende Prophezeiung. Tief in ihrem Inneren sind Menschen mit einem Schuldgefühl davon überzeugt, dass sie es nicht besser verdient haben. Sie tragen eine große Schuld, eine Last, eine Bürde mit sich herum. Sie glauben in dieser fehlerhaften Selbstwahrnehmung fest daran, keine Daseins- und Lebensberechtigung zu haben, weil sie in der Vergangenheit versagt oder etwas Falsches getan haben oder als Kind nicht wirklich gewollt waren. Sie haben ihr Recht auf ein erfülltes und glückliches Leben sozusagen verwirkt, und die Krankheit versteht sich als berechtigte Konsequenz und Strafe. Verheerender Weise kann der Körper durch eine solche Haltung auch eine Strategie entwickeln, die sich gegen das eigene Zellmaterial richtet und eine Autoimmunerkrankung bewirkt. Scham und Schuld bedingen sich häufig gegenseitig, und wo Scham gefühlt wird, ist Schuld nicht fern. Die eigentliche Ursache der Scham und die gesundheitlichen Folgen jenes Gefühls können dabei schon einmal identisch sein und sich zum Beispiel durch Reaktionen der Haut, Flecken und Akne, Krampfadern und Zellulitis äußern. Auch Blasen- und Darmprobleme sind mit Gefühlen der Scham in Verbindung zu bringen.

Es sind viele mächtige böse Geister in uns, doch das chronisch schlechte Gewissen sowie Scham und Schuld sind besonders hartnäckig und zerstörerisch.

Warum das eine gute Entscheidung ist:

Die Indianer und alte orientalische Kulturen kennen mehrere Metaphern, die für Dämonen und böse Geister stehen. Vielleicht kennen Sie den Rat, dass die Vögel der Sorge um unseren Kopf kreisen und wir Acht darauf geben sollen, dass diese weiterziehen und keine Nester bauen. Es gibt auch die Geschichte von dem Großvater, der seinem Enkel erzählt, zwei Wölfe lebten in uns und würden miteinander kämpfen. Ein guter, gütiger, hilfsbereiter und uns stärkender Wolf und ein böser, gieriger, rücksichtsloser und vernichtender Wolf. Der Enkel fragt, welcher der Wölfe der stärkere sei und gewinne. Der Großvater antwortet darauf, dass die Entscheidung in unseren Händen liege, und sagt: „Der, den du fütterst!"

Wir alle können Tausende von Stimmen in uns haben, die unseren Fluss im Leben abbremsen oder uns zu Unrecht und Selbstzerstörung anstiften. Diese Dämonen sind den meisten als innerer Schweinehund, Angsthase, Jammerlappen, Opfer, Teufel, Scheusal, Rivale, Gegenspieler oder auch als Feind in unserem Körper bekannt. Es handelt sich um tiefsitzende Überzeugungen und Glaubenssätze, die negative Gefühle wie Eifersucht, Missgunst, Angst, Neid, Sorgen, Selbstkritik, Ohnmacht und sogar Hass wachrufen können. Die am tiefsten im Verborgenen sitzenden und gleichzeitig schädlichsten Gefühle sind Schuld und Scham. Sie ziehen häufig andere negative Emotionen nach sich, die sich in ihrer Gesamtheit wie eine Invasion gegen den eigenen Körper richten können.

Der Grund, warum uns diese Gefühle in ihrer Ganzheit nicht bewusst sind, liegt daran, dass die Ereignisse zum einen oftmals in der Kindheit festgeschrieben wurden und zum anderen keine logischen Rückschlüsse auf unser jetziges Verhalten zulassen. Den ersten Schritt, den Sie unternehmen können, um einem Scham- oder Schuldgefühl auf die Schliche zu kommen, ist dementsprechend die eigene Kindheit nach diesen Gefühlen abzusuchen. Haben Sie sich für Ihre Eltern geschämt? Vielleicht war der Vater Alkoholiker oder die Mutter zeigte sich ungeniert und schamlos in Gesellschaft. Stammen Sie aus ärmlichen Verhältnissen? Konnten Sie als Kind vielleicht nicht an Klassenfahrten teilnehmen oder mussten alte, aufgetragene Klamotten tragen? Vielleicht war es Ihnen peinlich, von Ihren Eltern abgeholt zu werden oder andere Kinder zu sich nach Hause einzuladen. Abhängig davon, welcher Generation Sie angehören, können Sie sich auch dafür schämen, unehelich geboren zu sein, das Kind einer flüchtigen Nacht zu sein oder ein homosexuelles Elternteil zu haben. Körperliche und geistige Behinderungen, Gefängnisaufenthalte, moralische Verurteilungen und Diskriminierungen wegen Herkunft und Hautfarbe können ebenso eine Rolle spielen. Machen Sie sich Gedanken über die Wahrnehmung der eigenen Person. Wie haben Sie sich gefühlt als Kind? Empfanden Sie sich als schmutzig, hässlich oder anders? Hatten Sie das Gefühl, zu dick, zu dünn, zu langsam, zu schüchtern oder zu dumm zu sein?

Die meisten Menschen entdecken Situationen der Scham, wenn sie sich lange genug auf die Suche begeben. Kinder und Jugendliche können auch untereinander grausam sein und ihre Schulfreunde hänseln, demütigen und vorführen. Ein Junge, der von seinen Kameraden ausgelacht wird, weil sein Penis zu klein ist. Ein anderer Junge, der aufgrund seiner fremdländischen Herkunft als „Stinker“ bezeichnet wird und ertragen muss, dass die Kinder sich mit einem „Puuh“ abwenden und keiner mit ihm spielt. Ein Mädchen, das wegen ihrer flachen Brust gehänselt wird, und ein anderes, das aufgrund einer schweren entzündlichen Akne ihr Gesicht verbirgt und scheu den Menschen aus dem Weg geht. Der kleine Stefan im Kindergarten, der ganz vertieft mit seinen Figuren spielt und nicht bemerkt, dass die Blase drückt. Der es nicht mehr rechtzeitig auf die Toilette schafft und vor den Augen seiner lachenden Freunde in die Hose macht. Das Mädchen Sabine, das vorne an der Tafel versagt und von ihrem Lehrer vor den Augen der anderen Schüler lächerlich gemacht wird. Sie schämt sich für ihre „Dummheit“ und ihr „Versagen“. Ob Sie sich nun für Ihre Eltern schämen, Ihre Herkunft, Ihre Lebenssituation oder für sich selbst, weil Sie von klein auf annahmen, nicht gut, nicht genug, nicht richtig und nicht gewollt zu sein – all das mischt sich automatisch mit einem Gefühl der Schuld. Es kann sein, dass Sie anderen die Schuld geben und sich nicht aussöhnen können. Es ist auch möglich, dass Sie sich selbst die Schuld geben und keine „Entschuldigung“ finden. Die Schuld, am Leben zu sein, obwohl man nicht gewünscht ist, wirkt besonders verheerend. Sie können sich sicher vorstellen, dass die Kirche, insbesondere die katholische, ihr Übriges tut, um Menschen in der Schuldfalle zu belassen. Sie stellte zehn Gebote auf, die als strenge Leitmotive den Gläubigen einen anständigen Weg weisen sollen. Ein Verstoß gegen diese Gesetze ist eine Sünde und fordert den Sündiger dazu auf, Schuld auf sich zu laden. Die renommierte Psychotherapeutin Alice Miller wehrt sich in ihrem Buch „Die

Revolte des Körpers" vehement gegen den Glauben und die Einhaltung des vierten Gebots (Du sollst Vater und Mutter ehren!), dessen Befolgung ihre Patienten in einem Gefühl der Schuld verharren lässt. Eltern können große, nicht wiedergutzumachende Fehler begehen und ihre Kinder seelisch quälen und körperlich misshandeln. Wenn ein traumatisiertes Kind zu einem Erwachsenen heranreift, hat es sämtliche negative Kindheitserinnerungen in seinem emotionalen Gedächtnis und in jeder Köperzelle abgespeichert. Das bewusste Leugnen dieser schrecklichen Erfahrungen beschreibt Miller als emotionale Blindheit.

Wenn Moral und Religion die Schuld in uns gefangen halten, hat das eine immense Auswirkung auf unseren Körper. Die Verleugnung der Geschehnisse und Emotionen macht unseren Körper krank. Jede Form von massiven Verdrängungsprozessen sorgt dafür, dass die negativen Emotionen im Körper bewahrt werden und sich nicht befreien können. Im Körper selbst richten sie Schaden an, in dem sie das gesunde Zellmaterial verändern und die eigene Gesundheit versuchen auszulöschen.

Gesellschaftliche Zwänge und Moralvorstellungen sowie kollektive Schuldgefühle können sich selbstverständlich auch auf Menschen legen und diese in ihrem Schamgefühl bestätigen. Eine Frau kann sich schämen, weil sie das Opfer einer Vergewaltigung geworden ist, im Glauben, sie trüge eine Mitschuld aufgrund eines zu kurzen Rocks. Ein homosexueller Mann schämt sich seiner Gefühle und seiner körperlichen Vorlieben, weil er dadurch zum Schandfleck der Familie wird. Selbst lang zurückliegende Ereignisse wie die Judenverfolgung können das Gewissen in Not bringen. Es sind die Selbstvorwürfe, nicht geholfen zu haben, besonders in Situationen unweit der eigenen Haustür. Die Scham, das Ausgeliefertsein, die Handlungsunfähigkeit, die Mitschuld als passiver Beobachter. Ein Schuldgefühl, das ein Ohnmachtsgefühl nach sich zieht und im kollektiven Bewusstsein lebendig bleibt.

Doch was genau passiert, wenn diese negativen Gefühle erhalten bleiben? Wenn Sie sich gute Gefühle wie kleine Wassertropfen vorstellen, die von innen kitzeln, alles geschmeidig und lebendig halten, dann sind negative Gefühle wie Glassplitter, die zu inneren Verletzungen führen und Sie auf Dauer schwächen. Da der Körper den Feind erkennt, wird er anfangen, ihn zu bekämpfen und vernichten zu wollen. Es tobt ein erbitterter Kampf im Körper, bei dem es nur Verlierer geben kann. Diese innere Zerrissenheit äußert sich im Außen vor allem durch die Empfindung von Druck, zum Beispiel in Form eines zu hohen Blutdrucks, und auch als akuter Schmerz, zum Beispiel nach einem Sturz, Bruch oder einer Verletzung.

Eine 67-jährige Klientin, wir nennen sie Gisela, fühlte starke Schmerzen in ihrem Bein. Da sie in der Vergangenheit bereits einmal damit zu tun hatte, verständigte sie sofort den Notarzt und wurde mit Verdacht auf eine Embolie ins Krankenhaus eingeliefert. Gisela wurde behandelt und erhielt zur Heilung entsprechende Tabletten, um einem kompletten Venenverschluss vorzubeugen. Die Venen transportieren das Blut, unseren wichtigen Lebenssaft und auch Lebensfreude, zurück zum Herzen. Sie können sich vorstellen, dass das natürliche System bei einer Blockade im Bein, die den ordnungsgemäßen Transport behindert, durcheinanderkommt, verschiedene Organe unterversorgt werden und die Stauung des Blutes für eine lebensgefährliche Situation sorgt. Im Gespräch stellte sich heraus, dass Gisela im Moment tatsächlich Probleme hat, die Lebensfreude zurück zum Herzen zu bringen. Im Grunde ist sie ein humorvoller und optimistischer Mensch, sie macht sich jedoch selbst „eng“ durch einen einseitigen und festgefahrenen Blick auf das Leben und die Menschen. Sie lehnt viele Menschen ab, empfindet diese als vom Niveau unpassend, egoistisch, missgünstig und stets auf den eigenen Vorteil bedacht. Sie verzichtet lieber auf deren Gesellschaft, als sich zu sehr anzugleichen oder ausnutzen zu lassen. Dabei fühlt sie sich immer isolierter und einsamer. Sie sieht keine wahrhaften Freunde und Unterstützer in ihrem Umfeld, selbst ihr Lebenspartner und ihre Tochter kommen ihr zunehmend ichbezogen und gleichgültig vor. Die Erfahrung, solche Menschen geradezu anzuziehen, lässt sie an ihrer natürlichen Zuversicht zweifeln. Vielleicht hat sie es ja auch nicht anders verdient? Dieser Gedanke begleitet sie, weil sie nicht sehen kann, was sie schon alles geschafft hat, sondern vermehrt wahrnimmt, was im Leben alles misslang. Mir kam schnell der Gedanke, ein ungelöstes Schuld- und Schamgefühl könnte sich dahinter verstecken. Und genauso war es auch und bei jedem zweiten Satz spürbar. Die Eltern, die mittlerweile nicht mehr leben, gehörten einer Sekte an. Sie lebten bewusst in einfachen, kargen und ärmlichen Verhältnissen und pflegten mit ihrem Umfeld keine normalen sozialen Beziehungen. Gisela berichtete, ihre Mutter hätte sich wie eine Mischung aus Bettlerin und Kirchenmaus gekleidet, ihre Haare streng zusammengesteckt getragen, sich nicht geschminkt, eher ungepflegt gewirkt und nach alten Teppichen gerochen. „Ich bin meistens drei Meter vorangegangen, und wenn mich einer fragte, ob das meine Mutter sei, habe ich verneint", erzählte Gisela. „Ich habe mich total geschämt, mit der Frau wollte ich nichts zu tun haben!" Zu Hause sah es auch nicht besser aus, sodass sie niemals Schulfreunde zu sich einlud, zu groß waren Angst und Scham. Gisela empfand als Kind lediglich Gehorsam, der in der Pubertät immer häufiger ihrem rebellischen Verhalten weichen musste. „Ich habe meine Eltern nicht geliebt, und die mich auch nicht. Meine Mutter hat nie ein Geheimnis daraus gemacht, dass sie sich von Herzen einen Jungen wünschte. Kein Mädchen. Und ich war eines und damit musste ich leben."

Im Unterbewusstsein kann sich dieser Glaubenssatz wie Schuld anfühlen. Das Kind glaubt unbewusst, die Schuld zu tragen, als Mädchen geboren zu sein, und keine Liebe verdient zu haben. Auch die festsitzenden Schamgefühle aufgrund der Sektenzugehörigkeit, des unsozialen Verhaltens und der Einfachheit des Lebensstils können später in Schuldgefühle übergehen, weil man vielleicht unbewusst annimmt, keine wahrhafte Liebe mehr erhalten zu können, da man in der Vergangenheit selbst nicht liebevoll und loyal zur Familie gestanden hat.

Sie können übrigens verschüttete Schamgefühle leicht erkennen, indem betroffene Personen in ihrem gegenwärtigen Leben ebenfalls stark darauf bedacht sind, was andere Leute denken und ob sie selbst ein ordentliches Bild nach außen abgeben. Sie reagieren geradezu allergisch auf die Primitivität der Gesellschaft und den ungepflegten Mob. Giselas Aufgabe und Weg zur Heilung geht über die Akzeptanz und Dankbarkeit. Das heißt weg von engen Denkschläuchen und hin zu einem offenen Geist, der auch andere Erscheinungen und Lebensformen ermöglicht. Damit die Lebensfreude auf dem Weg zum Herzen zurück wieder frei fließen kann. Auf der anderen Seite ist es erfolgsversprechend, alte Glaubenssätze daraufhin zu überprüfen, inwiefern diese heute noch Gültigkeit besitzen und inwieweit es sinnvoll erscheint, neue Denkmuster im Gehirn und im Leben zu integrieren. Die strengen Regeln und festgefahrenen Überzeugungen, die Gisela bei sich selbst und als Maßstab in der Außenwelt setzt, bringen auch Gefühle der Enttäuschung mit sich. Grund dafür sind die hohen Erwartungen an andere Menschen und das Unvermögen, sich selbst zufriedenzustellen und glücklich zu machen. Wenn dann noch unbewusst der Gedanke einsetzt, es nicht besser verdient zu haben, ist die negative Gedankenschleife komplett und kann nur in Frustration enden.

In der Kindheit können viele Schuldgefühle entstehen, die von den Eltern so nicht absichtlich kreiert worden sind, allerdings von dem kleinen Menschen auf emotionaler Ebene so interpretiert wurden. Wenn zum Beispiel die Mutter überarbeitet ist und sich um alles alleine kümmern muss, häufig schlecht gelaunt und frustriert ist, schlimmstenfalls sogar krank wird, kann das Kind sich dafür verantwortlich fühlen. Im Affekt gesagte Sätze wie „Du machst mir auch nur Arbeit“ oder „Was ging‘s mir gut ohne Kind“ können verheerende Auswirkungen haben. Das Kind fühlt sich ungewollt und schuldig für das Leid der Mutter. Ein Schuldgefühl in der Kindheit kann auch ausgelöst werden durch den Satz: „Pass auf deine kleine Schwester auf!“ Das ältere Geschwisterkind kann diesen Auftrag schnell als Belastung und Überforderung erleben. Wenn dem Schwesterchen dann etwas passiert, wird sich dieses Kind verantwortlich fühlen und sich einreden, versagt zu haben und die Schuld zu tragen. Das ist natürlich völliger Blödsinn, denn die Eltern stehen hier in der Obhut- und Fürsorgepflicht und dürfen diese nicht einfach auf ihr Kind abwälzen. Doch diese Zusammenhänge versteht ein Kind noch nicht und speichert die Schuldgefühle unbewusst in seinem Zellgedächtnis ab. Die Persönlichkeit des Erwachsenen setzt sich dann aus den Erfahrungen, die er in der Vergangenheit gemacht und für sich selbst bewertet hat, zusammen. Diese Interpretation der Ereignisse sowie die schädlichen Glaubenssätze müssen aufgelöst werden, um einen neuen Blickwinkel zu finden und positive Erinnerungen zu kreieren.

Wie ich vorbeugen und heilen kann:

Recherche nach Scham- und Schuldgefühlen in der Kindheit,
Bedeutung im Hier und Jetzt bewusstmachen,
Auflösung von alten Glaubenssätzen

1. **Eine schöne Methode, um alte, in den Verkrustungen und tiefsten Winkeln Ihres Unterbewusstseins liegende Glaubenssätze aufzuspüren, ist das Blättern in alten Fotoalben oder – falls Sie zur jüngeren Generation gehören – das Stöbern in den digitalen Speichern. Mit der Betrachtung eines Fotos werden alte Erinnerungen wachgerufen, und wenn Sie sich gezielt auf die Suche nach den Gefühlen von Scham und Schuld machen, werden Sie von Ihrem inneren Navigationssystem entsprechend geleitet. Es ist sinnvoll, an Begebenheiten zu denken, in denen Ihre Mutter, Ihr Vater oder andere Vertraute eine Rolle spielten. Es ist zielführend, in der Vorstellung jene Orte aufzusuchen, die zu Ihrem alltäglichen Leben gehörten. Sie haben höchstwahrscheinlich innerlich schon einen Verdacht und werden nun durch Ihre ureigene innere Führung der Problematik von früher wieder nähergebracht. Sehen Sie sich in Ihrem Zuhause, der Schule oder beim Spielen mit den Nachbarskindern. Haben Sie keine Scheu, die zunächst unangenehmen Glaubenssätze**

erneut zu spüren. Wofür haben Sie sich geschämt? In welcher Situation glaubten Sie, versagt zu haben und nun die Schuld dafür tragen zu müssen?

2. Erinnern Sie sich genau, welche konkreten Sätze gesprochen worden sind, und schreiben Sie alles auf, was Ihnen dazu einfällt. Fragen Sie sich jetzt, inwieweit Ihre Erinnerungen auch der Realität entsprechen: Ist das wirklich so passiert? Wenn Sie an dieser Stelle ein eindeutiges Ja formulieren können, prüfen Sie den in dieser Situation entstandenen Glaubenssatz ebenfalls auf Herz und Nieren, ob dieser weiterhin der Wahrheit entspricht. Ist das, was Sie aufgeschrieben haben, wirklich so passiert, wirklich so gesagt worden?
3. Wenn Sie die Situation als vergangene Realität empfinden, fragen Sie sich in einem nächsten Schritt: Entspricht das, was gesprochen worden ist, auch meiner Wahrnehmung? Dachte ich als Kind ebenso darüber wie meine Mutter, mein Vater, mein Lehrer etc.? Welche Gedanken und Gefühle habe ich damals wahrgenommen? Schreiben Sie Ihre eigenen Gedanken zu den Geschehnissen auf und versuchen Sie, Ihre Gefühle zu benennen.
3. Prüfen Sie nun diesen verankerten Glaubenssatz noch einmal mit der Reife und der Erfahrung, die Sie heute ausmacht. Ist das wirklich immer noch für Sie wahr? Inwieweit spielt das Vergangene heute noch eine Rolle? Verändert sich etwas an dem Erlebten, wenn Sie sich dafür die Schuld geben?
3. In einem weiteren Schritt benennen Sie die positiven Auswirkungen dieser Situation: Welche Erkenntnisse haben Sie gewonnen? Wie hat dieses Erlebnis Sie wachsen und reifen lassen? Welche Potenziale sind dadurch in Ihnen wachgerufen worden?
3. Jetzt kommt der letzte Schritt, indem Sie einen neuen Glaubenssatz formulieren, der die gesamte Situation in einen anderen Rahmen setzt. Er gibt dieser Erfahrung eine neue Bedeutung, die weder mit Scham noch mit Schuld oder einem

schlechten Gewissen einhergeht. Der Vorfall erscheint in einem anderen Licht und Sie können das belastende Gefühl von Schuld endlich ablegen.

Wenn der alte Glaubenssatz also lautet: „Ich bin lästig und mache meiner Mutter das Leben schwer“, dann könnte beispielsweise der neue Glaubenssatz heißen: „Ich habe meiner Mutter die Möglichkeit gegeben, an ihren Aufgaben zu wachsen und ihrer Verantwortung als Mutter nachzukommen. Meine Geschwister haben sehr davon profitiert.“

Wenn die alten Glaubenssätze lauten: „Ich muss auf meine Schwester aufpassen. Ich bin schuldig, wenn ihr etwas passiert.“ Dann können die neuen auf folgende Weise positiv formuliert werden: „Ich habe schon früh Verantwortung übernommen und alles richtig gemacht im Rahmen meiner kindlichen Möglichkeiten. Meine Mutter habe ich dadurch entlastet.“

Vergessen Sie bei dieser Methodik nicht, dass insbesondere die Glaubenssätze aus der Kindheit als Folge unserer kindlichen Denkprozesse entstanden sind. Verantwortungsgefühl und Fürsorgepflicht sind die Herausforderungen der Erwachsenen, die sie durch ihre Entscheidung der Mutter- oder Vaterschaft und auch in ihrer Rolle als Erzieher und Lehrer annehmen sollten.

Entscheidung 3

Ich gehe voller Stolz und erhobenen Hauptes meinen Weg!

Wer sich zum Wurm macht,
kann nachher nicht klagen,
dass er mit Füßen getreten wird.

Immanuel Kant,
Metaphysik der Sitten

Was mich wirklich krank macht:

Selbstzweifel, sich selbst klein machen,
sich minderwertig fühlen, geringes Selbstbewusstsein,
geringe Selbstliebe, fehlende Selbstanerkennung

Es ist kein Geheimnis, dass unser Selbstbewusstsein und unsere Selbstliebe maßgeblich durch den Einfluss unserer Eltern geprägt werden. Es gibt Kinder, die bereits in jungen Jahren viel Zuspruch, Lob und Anerkennung erhalten und durch das von ihren Eltern geschenkte Vertrauen neugierig und optimistisch ins Leben starten. Ein Kind, das nicht beachtet und permanent nur mit seinen Fehlern und Defiziten konfrontiert wird, entwickelt natürlich nicht automatisch ein gesundes Gefühl zu der eigenen Persönlichkeit und den eigenen Stärken. Wenn hier neben der Kritik und dem „Kleinmachen" auch noch Vernachlässigungen und Gewalt an der Tagesordnung stehen, fällt es solch einem jungen Wesen später schwer, aus eigener Kraft ein gesundes Selbstbewusstsein aufzubauen. Doch auch Kinder, die besitzergreifende Zuwendung erhalten und für vermeintlich richtiges Verhalten und Leistung gelobt werden, können später Hemmungen und Minderwertigkeitsgefühle entwickeln.

Fehlende Selbstliebe und ein geringes Selbstwertgefühl sind die besten Voraussetzungen für die meisten Erkrankungen. Sie können in Süchte und Abhängigkeiten führen, diffuse Ängste auslösen und eine Opfermentalität nach sich ziehen, die einen Nährboden für Bakterien, Parasiten und andere Blutsauger bietet. Auch Erkrankungen im Hals- und Mundbereich, die mit der Kommunikation zu tun haben, stehen häufig für ein geringes Selbstwertgefühl. Es wird im übertragenen Sinne zu viel geschluckt und versäumt, einen eigenen Standpunkt und eine eigene Haltung einzunehmen. Der Mensch schweigt dann lieber, weil er Angst hat, einen Konflikt heraufzubeschwören. Dabei wäre eine klare Position, in der eindeutige Grenzen gezogen werden und das Wort Nein für die Erhaltung des Wohlbefindens kultiviert wird, wesentlich gesundheitsfördernder.

Wahrscheinlich haben wir nur dieses eine Leben, und es wäre geradezu verrückt, wenn wir das Leben eines anderen führten. Wie heißt es so schön: Der Schlüssel zum Glück findet sich nicht in den Taschen anderer Leute. Es ist also viel sinnvoller, in der eigenen Tasche danach zu suchen. Der Weg zu innerem Reichtum und Erfüllung geht über den Mut, sich so zu zeigen, wie man wirklich ist, und das Leben zu führen, das man auch wirklich will. Wenn Sie sich selbst kleinmachen und keine Achtung vor sich selbst empfinden, dann dürfen Sie nicht erwarten, dass ein anderer Mensch Ihnen mit Respekt gegenübertritt. Warum sollte er das tun, wenn Sie selbst das noch nicht einmal schaffen? Sich selbst stillzuhalten, kleinzumachen, nichtig zu machen, einzuknicken, den Kopf hängen zu lassen, den Blick abzuwenden, unsichtbar zu sein und im Erdboden zu versinken, sind einige Beispiele eines selbstreduzierenden Vokabulars, das die entsprechenden Gesten nach sich zieht und ein enormes Krankheitspotenzial in sich birgt. Wer sich selbst die Freiheit nimmt, wer sein eigenes Leuchten untergräbt, glaubt im tiefsten Inneren, keine Lebensberechtigung zu haben. Schlimmstenfalls zieht er magisch alles an, was ihn in seiner Opferrolle verharren lässt. Er wird zum „armen Würstchen“ und zu einem Pechvogel, der sich einen seltenen Virus einfängt, sich von den eigenen Hormonen tyrannisieren lässt oder im Selbstmitleid ertrinkt.

Warum das eine gute Entscheidung ist:

Eine gute Portion Selbstliebe und ein starkes Selbstbewusstsein bilden quasi das Fundament, auf dem wir unser ganzes Leben aufbauen. Und wenn dieses Leben gelingen soll, dann ist ein stabiles Fundament von entscheidender Bedeutung. Denn wenn die Basis brüchig ist oder in Schieflage gerät, können Sie darauf bauen, was Sie wollen, es wird nicht halten oder mit Karacho in sich zusammenstürzen, gleich, ob es sich um Ihre Beziehung, Ihre Karriere oder Ihre Gesundheit handelt. Eine wichtige Voraussetzung ist, dass Sie erstens glauben, positive Veränderungen seien möglich, und zweitens bereit sind, zu einhundert Prozent die Verantwortung für Ihr eigenes Leben zu übernehmen. Wenn Sie allerdings weiterhin Ihre Selbstzweifel, Unsicherheiten und Probleme mit einem schweren Lebensstart und einer lieblosen Kindheit rechtfertigen, bleiben Sie in Ihrer Vergangenheit gefangen und verbauen sich selbst den Weg zu mehr Wachstum, Reife und Charakterstärke. Die Vergangenheit können wir nicht mehr verändern, wir haben jedoch Einfluss darauf, inwieweit wir diese zu unserem Vorteil oder zu unserem Nachteil interpretieren und ob wir ihr erlauben, auf unsere gegenwärtige Situation einzuwirken.

Ich lerne in meiner Funktion als Beraterin viele Menschen kennen, die in der Vergangenheit feststecken. Auf die Thematik der elterlichen Erziehung und darauf, wie herabsetzendes Verhalten sowie belastende Glaubenssätze ein Kind beeinflussen, werde ich später noch einmal zu sprechen kommen. Letztendlich bilden sie die Ursache für jede Art von Leere, von Versagensangst, Einsamkeit, Selbstzweifeln und für das ewige Hadern mit der eigenen Person. Nicht richtig zu sein, nicht ausreichend zu sein, nicht zu genügen, nicht liebenswert zu sein, sind vorherrschende Gefühle der Menschen, die keine Selbstwertschätzung und Selbstsicherheit empfinden.

Doch wie sehen Zweifel und Kritik an der eigenen Person und das ständige Sich-selbst-Runtermachen im alltäglichen Leben tatsächlich aus? Mir fällt eine junge Frau ein, die mehrere Stunden vor dem Spiegel verbringt und ihre Problemzonen betrachtet. Ihre subjektive Wahrnehmung und ihr kritischer Blick orientieren sich an den Fotos prominenter Frauen, die ihren Körper als Model, Moderatorin und Influencerin regelmäßig bei gut gesetztem Licht in geübter Pose auf Instagram zum Besten geben. Der unmittelbare Vergleich lassen das Selbstbild dieser jungen Frau erschreckend schrumpfen und im Negativen erstarren. Eine andere Frau hat Angst, eine Party zu besuchen und in eine Smalltalk-Situation zu geraten, in der sie Farbe bekennen und von ihrem Scheitern, einem abgebrochenen Studium und davon, mit 35 Jahren immer noch keinen Partner an der Seite zu haben, erzählen müsste.

Und wieder eine andere lässt sich von ihrem Mann und dessen Familie tyrannisieren. Sie gehorcht, gibt kaum Widerworte und geht untere Wege, um ihren Liebsten nicht zu verärgern oder gar zu verlieren. Sie lässt es sich gefallen, dass er sie ignoriert, kränkt und demütigt, sie in Gesellschaft wie ein unmündiges kleines Kind behandelt. Sie weiß von seinen Lügen und seinen Seitensprüngen, doch traut sich nicht, reinen Tisch zu machen. Die Medizinstudentin ohne soziale Kontakte, die ihre Zeit vor dem Computer verbringt und von echter Nähe und Freundschaft träumt. Die Verkaufsleiterin, die kaum noch essen und genießen kann, deren Aktivismus und Sportsucht sie bis ins Burn-out treiben.

Oder der Mann um die fünfzig, der den Frauen misstraut und sich den Männern gegenüber minderwertig fühlt, weil seine Partnerinnen untreu waren und einen anderen Mann den Vorzug gaben. Weil die anderen Männer redegewandter und charmanter sind, das schickere Penthouse bewohnen und die schnelleren Autos fahren. Weil sie finanziell erfolgreicher sind, abenteuerlicher, männlicher, und genau zu wissen scheinen, wie man das große Stück vom Kuchen bekommt. Der Geschäftsführer, der den Spruch seines Vaters: „Du bist so ziemlich das Dümmste, was hier im Westen rumläuft“, nicht aus dem Kopf bekommt. Der Prokurist, der bei jeder Diskussion und Vortragsrede lieber im Erdboden versinken möchte. Der Techniker im Bewerbungsgespräch, der dem Blick seines Gegenübers nicht standhalten kann und dessen Stimme im Laufe des Gesprächs immer dünner wird. Oder der junge Personalleiter, der die Verantwortung für seinen Job nicht mehr aus dem Kopf bekommt und täglich mit Verbissenheit versucht, fehlerfrei zu funktionieren und ein vermeintlich perfektes Ergebnis zu erzielen.

Das sind nur einige Beispiele für einen selbstgemachten Stress, der bestenfalls eine Zeit lang den Ehrgeiz aktiviert und zu guten Ergebnissen führt und schlimmstenfalls die Fahrkarte in eine psychosomatische Klinik oder in ein Krankenhaus darstellt, um Erschöpfung, Depression, Suchterkrankung oder andere Krankheiten abzuwenden.

Vielleicht bemerken Sie gerade beim Lesen, dass ein ganz bestimmtes Muster hinter diesen destruktiven Gedankengängen steckt: Es ist eine Abfolge negativer Gedankenschleifen, die das eigene Selbstbild schwächen. Zusätzlich fehlt es diesen Menschen an der Fähigkeit zu akzeptieren, was sich nicht ändern lässt. (Es ist, wie es ist!) Und besonders demontierend wirken die ständigen Vergleiche mit anderen und die Annahme, dass diese auf jeden Fall besser, erfolgreicher und glücklicher seien als man selbst.

Die amerikanische Lernforscherin Carol Dweck misst dem positiven Selbstbild eine besondere Bedeutung zu und fand in ihren Studien heraus, dass nicht Talent und Fleiß die ausschlaggebenden Erfolgsfaktoren sind, sondern vielmehr das Selbstbild darüber entscheidet, inwieweit Menschen lernfreudig, leistungsbereit und erfolgreich sind. Das Selbstbild lässt sich erforschen und entdecken und schließlich ein Leben lang dynamisch weiterentwickeln. Es ist nicht entscheidend, was andere Leute über uns denken, es ist einzig und allein von Bedeutung, was wir selbst über uns denken. Die Art und Weise, wie wir uns selbst sehen, beeinflusst die Sichtweise anderer Menschen. Wenn wir uns selbst für einen Nichtsnutz halten, werden wir uns auch wie einer präsentieren und die Menschen uns dieses Phänomen spiegeln. Sie entscheiden in jedem Augenblick des Lebens selbst, ob Sie ein König, eine Königin oder ein Bettler, eine Närrin sind. Wenn andere Menschen Sie demütigen und kleinmachen, haben Sie denen wahrscheinlich eine Fläche dafür geboten. Wenn Sie sich verraten und ausgenutzt fühlen, haben Sie sich wahrscheinlich nicht gebührend abgegrenzt und dem Gegenüber keine klaren Grenzen aufgezeigt. Entscheiden Sie sich für Ihr eigenes Wohlbefinden und richten Sie ab sofort den Blick auf alles, was an Ihnen schön, stark und einzigartig ist. Wenn Sie bisher zu den Schwarzsehern und Pechvögeln zählten, erkennen Sie nun Ihr eigenes Licht und lassen es nach außen strahlen. Es gibt auf dieser Welt Schmetterlinge und Dreckpfützen, beides ist da und wird auch immer da sein. Was Sie vermehrt in Augenschein nehmen, liegt an Ihnen selbst. Richten Sie Ihren Blick daher auf die eigenen Stärken und Potenziale, auf Werte und bisherige Erfolge. Dieser Perspektivwechsel ist geradezu eine Frischzellenkur, denn nichts auf der Welt macht uns lebendiger und gesünder als ein warmherziges, wertschätzendes und stolzes Gefühl uns selbst gegenüber. Unser Immunsystem arbeitet dann auf hohem Niveau und hält jede Art von Stress erfolgreich fern.

Vielleicht gehören Sie auch zu den Menschen, die sich mit den vorangegangenen Zeilen gar nicht identifizieren können und im Stillen denken: „Das mag durchaus die anderen betreffen, doch ich selbst habe ein sehr positives Bild von mir. Ich weiß, wer ich bin und was ich kann. Ich fühle mich selbstbewusst." Genau dieses Denkmuster kann in Ihnen ablaufen, obwohl Ihr Körper eine ganz andere Sprache spricht. Deswegen ist es so immens wichtig, dem Körper und seiner ganz eigenen Sprache besondere Bedeutung beizumessen.

Entscheidung Nummer 3 lautet: Ich gehe voller Stolz und erhobenen Hauptes meinen Weg! Prüfen Sie doch einmal, ob Sie tatsächlich erhobenen Hauptes Ihren Weg gehen. Oder lassen Sie vielleicht den Kopf hängen? Oder ziehen Sie den Kopf ein bzw. die Schultern hoch? Oder machen Sie den Rücken krumm? Wenn Sie analytisch vorgehen und ganz sachlich eine Bestandsaufnahme Ihrer eigenen Körperlichkeit vornehmen, werden Sie der Wahrheit ins Gesicht schauen. Sämtliche Befindlichkeitsstörungen und Erkrankungen, die auf einen Verschleiß, eine Krümmung oder eine Verdrehung hindeuten, beeinträchtigen Ihre Haltung und Ihr Bewegungsmuster. Prüfen Sie also aufmerksam Rücken, Wirbelsäule und Knie. Leiden Sie zum Beispiel unter einer Skoliose, unter Arthrose oder einer Degeneration der Bandscheiben und können daher nur unter Anstrengung eine stolze Körperhaltung einnehmen? Neben den üblichen medizinischen Interventionen bietet es sich an, eine intensive Innenschau vorzunehmen und herauszufinden, inwieweit die eigene Ich-Stärke zum Ausdruck gebracht werden kann. Stellen Sie sich selbst folgende Fragen: Glaube ich an mich, meine Stärke und meinen Wert? Können meine inneren Kräfte frei fließen oder gibt es etwas in meinem Leben, das mich blockiert oder gar gefangen hält? Kann ich wirklich für mich selbst und meine ureigenen Überzeugungen eintreten oder fühle ich mich ohnmächtig, mein wahres Selbst zum Ausdruck zu bringen? Stehe ich auf eigenen Beinen oder sind es die Beine einer anderen Person? Gehe ich weich und liebevoll mit mir um oder bin ich mir selbst gegenüber hart und negativ eingestellt? Lasse ich meine Energien wirklich frei fließen und genieße ich das Leben? Habe ich ein starkes Fundament, eine Basis des Selbstbewusstseins, oder bin ich einem anderen Menschen hörig wie ein Hund seinem Herrchen? Lebe ich das Leben, das zu mir passt und das mir gefällt, oder halte ich mich nur an die mir vorgegebenen Regeln und funktioniere, so gut ich eben kann? Wer bin ich außerhalb der Gesellschaft, die mir diese Regeln diktiert? Was bleibt von mir, wenn die Maske fällt und mein Image den Bach runtergeht? Wie viel Respekt trage ich mir selbst gegenüber im Herzen?

Leben Sie nicht nach allgemeinen Vorgaben oder in kollektiven Zwängen, sondern befreien Sie sich und errichten Sie Ihr eigenes stabiles Fundament. Es liegt in Ihren Händen, sich nicht weiterhin den Erwartungen der anderen zu unterwerfen. Werden Sie sich stattdessen Ihrer eigenen Kraft bewusst, leben Sie Ihre wahre Natur und Ihre echten Gefühle aus. Seien Sie sich selbst ein Freund und Helfer, zeigen Sie der Welt, wer und wie Sie wirklich sind.

Wie ich vorbeugen und heilen kann:

Entdeckung eigener Stärken, Erfolge, Werte, Interessen, Potenziale, starke Körpersprache und Powerposen

Es gibt verschiedene Wege, sich seiner Stärken und Potenziale bewusst zu werden. In erster Linie geht es darum, sich selbst die richtigen Fragen zu stellen, um das Gehirn auf die Suche nach positiven Antworten zu schicken. Darüber hinaus können Sie die Ergebnisse durch verschiedene Tests und Potenzialanalysen, die sowohl im wirtschaftlichen als auch im psychologischen Kontext gern eingesetzt werden, ergänzen. Achten Sie darauf, dass diese Persönlichkeitsanalysen ressourcenorientiert sind und der Schwerpunkt tatsächlich auf die Potenziale fällt und nicht auf das Aufzeigen irgendwelcher Fehler und Defizite. Die Befragung engster Freunde und wohlwollender Familienmitglieder rundet die Recherche ab. Fragen Sie bei Ihren Lieblingsmenschen einfach einmal nach: Was findest du an mir schön, besonders und liebenswert? Was denkst du, welche Stärken und Fähigkeiten mich ausmachen? Begleiten Sie diese Interviews aufmerksam, sodass der Befragte auch wirklich in der stärkenden und unterstützenden Rolle bleiben kann. Fordern Sie ihn auf, so konkret wie möglich zu werden, und haken Sie nach, wenn Begrifflichkeiten wie „toll" oder „super" fallen. Lassen Sie sich erklären, was der Grund für die Nennung eines bestimmten Charaktermerkmals ist.

Notieren Sie sich alle Antworten. Entweder entwerfen Sie eine Mindmap (Gedankenkarte), auf der Sie die Ergebnisse sammeln, oder Sie legen eine Art Tagebuch an oder schreiben kleine Zettel, die Sie dann in Ihrer Schatztruhe aufbewahren. Hier ein paar Fragen, die Ihre Gedanken in Bewegung versetzen können:

1. **Was lieben Sie an Ihrem Körper?**
2. **Welche Erfolge haben Sie erzielt? Worauf sind Sie stolz?**
3. **Was können Sie gut? Welche Stärken und Potenziale stehen dahinter?**
4. **Bei welchen Tätigkeiten vergessen Sie die Zeit?**
5. **Was hat Ihnen zu Schulzeiten schon Freude bereitet?**
6. **Womit haben Sie sich als Kind gern beschäftigt?**
7. **Wofür sind Sie gelobt worden?**
8. **Welche besonderen Fähigkeiten besitzen Sie?**
9. **Welches Wissen würden Sie gern erweitern?**
10. **Welches Können würden Sie gern perfektionieren?**
11. **Welche Charaktermerkmale prägen Sie?**
12. **Welche Werte sind Ihnen wichtig?**

In Ihrer Schatzkiste sollten sich anschließend hundert Zettel befinden, beschrieben mit positiven Merkmalen. Alles, was Sie an sich lieben, jede Stärke und jeder Erfolg, findet hier seinen Platz. Sie werden Ihr Gehirn so richtig fordern, um Ihr Leben nach gelingenden Momenten und Ihre Persönlichkeit nach wertvollen Eigenschaften abzugrasen. Wenn Sie eine Stärke entdeckt haben, lassen Sie sich gedanklich Referenzbeispiele durch den Kopf gehen. Fragen Sie sich: Was habe ich genau getan? Wie habe ich die Situation gemeistert? Welche konkreten Fähigkeiten standen mir hierbei zur Verfügung? Versuchen Sie, Ihr Vokabular so vielfältig wie möglich zu gestalten. Nutzen Sie gern Synonyme, um Ihre Wortwahl und die Sammlung der Ressourcen zu erweitern. Wenn Ihnen beispielsweise das Charaktermerkmal „verantwortungsbewusst" in den Sinn kommt, erinnern Sie sich an Situationen, in denen Ihr Verantwortungsbewusstsein zum Tragen kam. Welche positiven Eigenschaften beschreiben darüber hinaus Ihre Art, mit dem Erlebten umzugehen? Denken Sie genau darüber nach: Waren Sie vorrausschauend, bedacht, überlegt, weitsichtig, sorgfältig, gewissenhaft, aufrichtig und vorsorglich?

Um in einen guten Zustand der Selbstliebe und Selbstsicherheit zu kommen, können Sie neben der mentalen Arbeit auch mit Ihrem Körper aktiv werden. Genauso wie jeder gute Gedanke einen guten körperlichen Zustand erzeugt, so hat jede positive Geste und jede Powerpose ein gutes Gefühl und somit gute Gedanken zur Folge. Achten Sie daher auf Ihren Körper. Stärken Sie Ihre Körpermitte und Ihren Rücken durch Bauchtraining. Nehmen Sie Haltung ein und halten Sie eine gewisse Körperspannung. Kinder lernen es durch folgende Anregung: Halte eine Erbse zwischen den Pobacken und ein Krönchen auf dem Kopf. Zeigen Sie sich, verhüllen Sie sich nicht mit einem meterlangen Schal oder einer Kapuze bis tief ins Gesicht. Halten Sie in Gesprächen den Blickkontakt und lächeln Sie gelegentlich Ihre Mitmenschen an. Wenn Sie allein sind, nehmen Sie für zwei bis drei Minuten verschiedene Powerposen ein. Sie können zum Beispiel die Siegerpose einnehmen oder wie Wonder Woman und Superman stehen, die Fäuste auf den Tisch stemmen oder die klassische Silberrücken-Pose eines Alphamännchens nachbilden. Schauen Sie sich dazu gern das YouTube-Video der Sozialpsychologin Amy Cuddy (Professorin an der Harvard Business School) an und probieren Sie es einfach aus.

Entscheidung 4

Ich siege, ohne zu kämpfen!

Gerade das ist es ja,
das Leben, wenn es schön und glücklich ist, ein Spiel!
Natürlich kann man auch alles
mögliche andere aus ihm machen,
eine Pflicht oder einen Krieg oder ein Gefängnis,
aber es wird dadurch nicht hübscher.

Hermann Hesse

Was mich wirklich krank macht:

Wut, Zorn, Hass, Verbissenheit, Sturheit, Hartnäckigkeit, Unversöhnlichkeit, Unnachgiebigkeit, faule Kompromisse, Ängste, Blockaden, Ungeduld, Geschrei, Drohungen, Widerstand, Eitelkeit, falscher Stolz

Siegen, ohne zu kämpfen, heißt vor allem, dass man keinen unnötigen Widerstand in seinem Herzen entstehen lässt. Jedes Vorgehen, begleitet durch negative Emotionen und ein übermäßig aktives Ego, führt in eine Belastung und Krankheit. Das bedeutet, dass Sie, wenn Sie jeden Tag kampfbereit mit dem Schwert in der Hand in die Schlacht ziehen, Ihren Körper absichtlich im Krieg gefangen halten. Ihr Körper reagiert entsprechend auf einen permanenten Alarmzustand und fährt alle gängigen Abwehrsysteme und Stressmechanismen hoch. Wie Sie schon erfahren haben, schüttet unser Körper in einer akuten Gefahrensituation jede Menge Stresshormone aus. Das Adrenalin, das durch Ihre Blutbahnen saust und diese Kampfsituation auslöst, pumpt die Kraft in Ihre Extremitäten. Auch die Leber und die Muskeln benötigen dringend Energie und werden entsprechend belastet. Die Kampfsituation stellt auch die Pupillen weit, die Augen fixieren und starren, behalten den Feind genau im Fokus. Während der Körper sich routiniert auf diese Kampfsituation einstellt und seine Energie zielgerichtet bündelt, fährt er das Immunsystem herunter und stellt keine Energie zur Zellregeneration zur Verfügung. Das alles war früher durchaus sinnvoll, als die Gefahr durch angriffslustige Raubtiere, feindlich eingestellte Stämme, Hungersnöte oder klimatische Herausforderungen reales Alltagsleben darstellte. Auch heute kann es bedrohliche Situationen geben, in denen es von Vorteil ist, zu kämpfen und sich zu verteidigen. Doch leider bewegen sich viele Menschen aus völlig anderen Gründen in diesen Überlebensmodus. Sie kämpfen an ihrem Arbeitsplatz gegen den neidischen Kollegen oder den cholerischen Chef. Sie kämpfen gegen die strengen Regeln und Moralvorstellungen ihrer Familien. Sie kämpfen aus Eifersucht und wegen überhöhter Machtansprüche gegen ihren Lebenspartner. Sie kämpfen, um ihr Ego zu streicheln und ihren Status zu erhöhen. Und all diesen Kämpfen liegen negative Emotionen zugrunde wie Eitelkeit, Kränkung, Rachsucht, Wut, Hass und Angst. Wenn eine Emotion als Stressor dahintersteckt, handelt es sich selten um ein akutes, einmaliges Symptom. Vielmehr wechselt der Stress in einen chronischen Zustand, der den Körper dauerhaft mit den Hormonen Adrenalin und Cortisol flutet. Die Folge ist ein geschwächtes Immunsystem, das auf lange Sicht jede Krankheit von der einfachen Erkältung bis hin zu Krebs Einlass gewähren lassen kann.

Warum das eine gute Entscheidung ist:

Das Wort „kämpfen" impliziert häufig eine Auseinandersetzung mit einem Gegner, ein kriegerisches Vorgehen, einen Streit. Genauso gern wird es jedoch innerhalb des Sports und der Persönlichkeitsentwicklung verwendet und steht für Wettkampf, Zielerreichung, großen Einsatz, Durchsetzungsvermögen, Dranbleiben und für Disziplin. Sicher bemerken Sie schon den Unterschied: Im ersten Fall geht es darum, **gegen** etwas zu kämpfen, im zweiten Fall darum, **für** etwas zu kämpfen. Und damit sind Sie auch rein gesundheitlich besser beraten. Denn wenn Sie sich für eine Sache einsetzen, werden Sie von positiven Gefühlen geleitet, die Ihnen Kraft und Ansporn geben. Sie malen sich Ihr Ziel wunderbar aus, und wenn Sie es erreichen, kommen Gefühle von Freude, Erfolg und Stolz auf. Bestenfalls sind Sie auf dem Weg zu Ihrem Ziel schon fröhlich, motiviert, neugierig, engagiert, energiegeladen und zuversichtlich. Sollten Sie für eine gute Sache an den Start gegangen sein und auf Ihrem Weg zum Ziel bemerken, dass niedere Beweggründe Sie motivieren, dann reißen Sie lieber umgehend das Ruder herum. Falscher Ehrgeiz, der Einsatz von Ellbogen, der ständige Vergleich mit anderen, Neid, Verbissenheit, Strenge und Hartnäckigkeit machen vor allem Ihnen das Leben schwer.

Doch lassen Sie uns einmal gemeinsam auf Ihr Leben schauen, damit der Akt des Kämpfens sich weniger abstrakt darstellt und Sie problemlos Ihre persönlichen Stressoren im Alltag identifizieren können. Dafür ist es hilfreich, sich mit seinem sozialen Umfeld und den zwischenmenschlichen Beziehungen auseinanderzusetzen. Nehmen wir als Beispiel den Ort und das Umfeld, in dem Sie leben: Fühlen Sie sich wohl? Wenn Sie sich jeden Tag über den Dreck in der Fußgängerzone, die rücksichtslosen Nachbarn, die lärmenden Kinder, die Parkplatzsituation und über Ihren üblen Vermieter ärgern, sind Sie bereits in absoluter Kampfeslaune. Werfen Sie nun einen Blick auf Ihre Beziehungen: Gibt es jemanden, der Sie zur Weißglut bringt? Haben Sie das Gefühl, ein bestimmtes Verhalten einer Ihnen nahestehende Person verletzt Sie? Kennen Sie Gefühle von Widerstand und innerer Aggression? Können Sie sich vorstellen, ein anderer Mensch fügt Ihnen absichtlich Schaden zu, wünscht Ihnen etwas Schlechtes oder trachtet Ihnen sogar nach dem Leben? Gibt es in Ihrem nahen Umfeld einen Menschen, der Sie krank macht? Den Sie nicht (mehr) gut sehen, hören oder riechen können? Empfinden Sie in manch einem zwischenmenschlichen Kontakt Ärger, Wut, Eifersucht, Misstrauen und das Gefühl, als müssten Sie ständig auf der Hut sein?

All diese Emotionen versetzen unseren Körper in einen Alarmzustand und fordern uns auf, eine Entscheidung zu treffen. Menschen, die keine Entscheidung fällen, verharren oftmals in einem Opferzustand, weil sie fest davon überzeugt sind, ihnen würde das Leben einfach so passieren. Sie sind unfähig, aktiv zu werden, sehen keine Handlungsmöglichkeit. Sie halten den Schmerz still aus, halten durch, bis es vorbei ist. So wird eine längst fällige Entscheidung verschoben, da eine mentale Lähmung jede Handlungsoption verschleiert. Die andere sich selbst Schaden zufügende menschliche Reaktion ist der Kampf. Diese Menschen können die Situation weder akzeptieren noch einfach nur aushalten. Sie beginnen, einen Kampf gegen andere zu führen, der letztendlich nur ein verbitterter Kampf gegen sich selbst darstellt.

Wie Nelson Mandela es ausdrückte: „Feindseligkeit ist, wie Gift zu trinken und dann zu hoffen, dass es deine Feinde töten wird."

Horchen Sie in sich hinein: Gibt es diese Feindseligkeit in Ihrem Leben? Machen Sie es nicht davon abhängig, ob Sie schwere Geschütze auffahren, cholerische Ausbrüche bekommen oder die Vase der Schwiegermutter an die Zimmerwand werfen. Das Gefühl der Feindseligkeit unterwandert Ihre Seele subtiler. Fragen Sie sich vielmehr, inwieweit Sie einen anderen Menschen dauerhaft mit einem negativen Gefühl verknüpfen, das Sie in sich spüren.

Eine Frau im Coaching hatte schon längst das Vertrauen zu ihrem Lebenspartner verloren. Wenn sie sich mit ihm in der Öffentlichkeit bewegte, konnte sie seine übertrieben charmante Art anderen Frauen gegenüber kaum ertragen. Sie sehnte sich nach einem zärtlichen Blick, nach Aufmerksamkeit und liebevollen Gesten. Doch in ihrer Wahrnehmung wurde sie schlechter behandelt als der Hund, der zumindest regelmäßig seine Streicheleinheiten und Leckerlis bekam. Außerdem hasste sie ihn dafür, dass er mit seiner Mutter unter einer Decke steckte. Sie konnte seine abhängige Art, seiner Mutter ständig nach dem Mund zu reden und sich ihren Erwartungen anzupassen, kaum ertragen. Sie verurteilte ihn innerlich für seine fehlende Integrität und Loyalität ihr und der Beziehung gegenüber. Ihre Gefühle waren Ablehnung, Verachtung, Widerwillen, Misstrauen, Eifersucht, Demütigung, manchmal sogar Ekel und Hass. Was tat sie mit diesen Gefühlen? Sie versuchte, dagegen anzukämpfen, indem sie immer wieder diese Themen und ihre Erwartungen auf den Tisch brachte. Sie wollte mit aller Macht ihren Partner davon überzeugen, sein Verhalten sei falsch und er füge ihr großes Unrecht zu. Was natürlich gar nichts brachte, denn eine wichtige Coaching-Regel besagt: Es gibt nur eine Person, die du ändern kannst: dich selbst!

Doch da war sie, die große Angst davor, bei sich selbst anzusetzen und Entscheidungen zu treffen. Sie ließ es laufen, den üblichen Alltag, ab und zu routinierten Sex und die gemeinsamen Urlaube. Und das alles mit einem Gefühl im Herzen, als würde sie mit dem Feind ins Bett gehen.

Ein Geschäftsführer erzählte mir von der herausfordernden Situation an seinem Arbeitsplatz: Er empfand seinen Job als unbefriedigend und seine Mitarbeiter, die ihn täglich mit den gleichen anspruchslosen Fragen löcherten, als nicht seinem intellektuellen Niveau entsprechend. Das Gleiche äußerte er über seinen Vorgesetzten, der nicht nur wegen seines einfachen Bildungsabschlusses in der Kritik stand, sondern vor allem aufgrund seines dominanten und tyrannisierenden Führungsverhaltens. Alles in allem also eine zutiefst unglückliche Arbeitssituation, die jedoch hinsichtlich eines bombigen Jahresgehaltes ertragen und durchkämpft wurde. Jeden neuen Tag marschierte er also an seine Arbeitsstätte wie ein Soldat an die Front. Das Verhalten seines Chefs ließ sein Selbstwertgefühl zunehmend schrumpfen und aus Angst, seinen Job zu verlieren, duckte er sich und biss die Zähne zusammen. Angst, Wut und Ärger schlugen ihm nicht nur auf den Magen, sondern ließen ihn hier und da in Form von ungeduldigem, ungerechtem und manchmal sogar aggressivem Verhalten um sich schlagen. Immer häufiger ging er bei der kleinsten Panne im Alltag förmlich in die Luft. Seine Unzufriedenheit und Selbstablehnung trugen dazu bei, dass er bei seiner Firmenwagenwerkstatt als sogenannter Eskalationskunde geführt wurde. Ein Mann in kämpferischer Mission. Die Frage ist nur, wofür? Und lohnt sich dieser Kampf?

Bei den Beispielen handelt es sich um Kämpfe, die nicht zu gewinnen sind und auf Dauer zu ernsthaften Erkrankungen führen können. Wenn wir uns draußen mental gesehen auf einem Minenfeld bewegen, ist es eine logische Konsequenz, dass dieser Zustand in unserem Inneren ebenso ein Zuhause findet. Die Zellen in unserem Körperinneren kopieren die Außenwelt und eröffnen ihren eigenen Kampf, gegeneinander und gegen unseren Körper. Vielleicht werden sie schlapp und müde, finden keine Möglichkeit mehr zur Reparatur und Regeneration. Vielleicht werden sie aber auch richtig sauer und destruktiv und zerstören alles, was ihnen in den Weg kommt. Es gibt Anzeichen, die sich im Vorfeld bemerkbar machen und Ihnen einen Hinweis darauf geben können, dass Sie ich in einer kriegerischen Auseinandersetzung befinden. Bemerken Sie beispielsweise einen verkniffenen Gesichtsausdruck bei sich, zunehmend schmale Lidspalten, kleinere Pupillen, Steilfalten zwischen den Augen und eine übertriebene Körperspannung, sind Sie zumindest schon in Habachtstellung und abseits von Gefühlen der Sicherheit und Gelassenheit. Dann gehören Sie wahrscheinlich zu den Menschen, die in den offenen Kampf gehen und mit erhobener Stimme, scharfem Blick und autoritärem Verhalten ihre Gefühle zum Ausdruck bringen wollen. Vorwürfe, Drohungen, Erpressungen und Zynismus können ihre Waffen sein.

Eine andere Art, in die Schlacht zu ziehen, besteht aus ständigem Herummeckern und Klagen, aus einer pessimistischen Haltung, Beleidigungen und Sturheit. Diese Menschen können ihre Situation weder ändern noch sich mit dieser abfinden. In ihrem tiefsten Unterbewusstsein verfügen sie bereits über das Wissen, dass ihr momentaner Zustand nicht akzeptabel ist, doch sie halten ihr Leben weiterhin aus. Gesundheitlich gesehen, zeigt sich ein solches Verhalten in allen Erkrankungen, die einen daran hindern, die Situation zu verlassen: Knie, Bein-, Fuß- und Hüftbeschwerden, Arthrose und alle Erkrankungen des Bewegungsapparates machen einem dann vielleicht das Leben schwer. Menschen, die einen Konflikt nach außen eher still aushalten, innerlich jedoch toben und bersten, riskieren entzündliche Prozesse im Körperinneren von Gelenk- und Kapselentzündungen bis hin zu Gefäß- und Schleimhautentzündungen. Ein besonders beanspruchtes Organ in Zeiten des Kampfes ist die Leber. Ihre Funktion besteht darin, das Blut zu reinigen und zu entgiften. Starke negative Emotionen, die festgehalten und nicht entsprechend verarbeitet werden, haben eine toxische Wirkung. Es ist daher ratsam, sich selbst zu vertrauen und auf seine ureigene Kraft zu setzen und nicht an ganz bestimmten Menschen und Situationen festzuhalten. Akzeptieren, verändern oder loslassen.

Indem man loslässt,
geschieht alles wie von selbst.
Die Welt wird gemeistert
von jenen, die loslassen.

Laotse

Wie ich vorbeugen und heilen kann:

Blick öffnen, Fenster öffnen, durchatmen,
das Leben im Fluss akzeptieren, mehr Sein als Schein, Demut,
Geduld, Bewegung, frische Luft

Sie sind gut beraten, zunächst Ihre Erwartungen und das Gefühl, etwas besitzen und kontrollieren zu wollen, loszulassen. Diese Emotion macht Sie für andere Menschen berechenbar und verwundbar. An dieser Stelle möchte ich Ihnen eine interessante Geschichte erzählen, die ich in dem Buch „Shaolin“ gelesen habe. Sie handelt von einem General und einem Zen-Mönch:

Der General war mit seinem Gefolge zu Pferd unterwegs, als er auf einen Mönch traf, der in aller Ruhe meditierte. „He, du Mönch, geh mir aus dem Weg“, rief er bestimmend vom Pferd herunter. Der Mönch ließ sich nicht stören und verweilte in seiner Versunkenheit. „Sag mal, hörst du schlecht? Du sollst mir aus dem Weg gehen.“ Auch diese Bemerkung bewirkte keine Reaktion bei dem Mönch, der weiterhin in der Stille blieb. „Ich glaube, du weißt nicht, wen du vor dir hast“, tobte der General. „Ich bin ein Mann, der dich, ohne mit der Wimper zu zucken, auf der Stelle töten kann.“ Nun blickte der Mönch auf und sagte ruhig: „Ich glaube, du weißt nicht, wen du vor dir hast. Ich bin ein Mann, der, ohne mit der Wimper zu zucken, jederzeit sterben kann.“

Wenn es nichts mehr gibt, an dem wir hängen, sind wir auch bereit, mutige Wege zu gehen und richtige Entscheidungen zu treffen. Machen

Sie sich jeden Tag bewusst, dass alles im Leben Veränderung ist. Dass nichts bleibt, wie es ist. Ihre Beziehungen nicht, Ihre Arbeit nicht, Ihr Körper nicht und Ihr Leben nicht. Verzichten Sie bewusst darauf, Dinge haben zu wollen, und versuchen Sie, einfach nur zu sein und im Hier und Jetzt zu verweilen. Sicherheit ist eine Illusion, und das Altern und der Tod sind wahrscheinlich die einzig sicheren Optionen. Schauen Sie sich Ihre Konflikte genau an und entscheiden Sie sich für Ihr eigenes Wohlbefinden. Fragen Sie sich: Kann ich die Situation so akzeptieren, wie sie ist, mit einem zuversichtlichen Gefühl und ohne inneren Widerstand? Oder fordert mich diese Situation auf, mich selbst zu verändern und klare Konsequenzen zu ziehen, ohne zu kämpfen?

Was zusätzlich helfen kann, um aus dem Kampfmodus herauszutreten oder ihn gar nicht erst aufkommen zu lassen, sind folgende Empfehlungen:

1. **Bleiben Sie in Bewegung auf die Art und Weise, die Ihnen Freude bereitet, um Stresshormone abzubauen.**
2. **Beschäftigen Sie sich mit fernöstlichen Weisheiten, z. B. mit den Vergegenwärtigungsregeln und den Übungen der Shaolin-Mönche.**
3. **Genießen Sie Stresshormon-anregende Genussmittel wie Kaffee, Zigaretten und Alkohol nur gelegentlich.**
4. **Probieren Sie es mit Atemtechniken und Meditation.**

Entscheidung 5

Ich breche den Panzer auf und lasse mein Licht scheinen!

Und es kam der Tag, da das Risiko,
in der Knospe zu verharren,
schmerzlicher wurde als das Risiko zu blühen.

Anaïs Nin, Schriftstellerin

Viel Kälte ist unter den Menschen,
weil wir es nicht wagen,
uns so herzlich zu geben,
wie wir sind.

Albert Schweitzer

Was mich wirklich krank macht:

Angst vor der Liebe, Angst davor,
von einem Liebespartner verletzt zu werden,
Verschluss von Emotionen, Verlust der Lebensfreude,
Enttäuschung, Maskerade, Mutlosigkeit

Vielleicht tun Sie es selbst oder haben es schon einmal getan, oder Sie wissen, dass es jemand anderes tut: das Herz verschließen. Einfach eine Mauer darum bauen, damit niemand einen schnellen Zugang finden kann. Eine bombensichere Methode, sich vor Fehlgriffen, Kränkungen, Enttäuschungen und Verlusten zu schützen. Ich habe selbst schon junge Menschen in Phasen der Verliebtheit sagen hören, dass sie nichts und niemanden mehr so nah an sich rankommen ließen. Das hätte zwar auf der einen Seite zur Folge, dass es weniger schön und aufregend wäre, doch der ganze Stress und die Stiche ins Herz blieben einem dann erspart. Ich möchte Sie gern zu folgendem Gedankenspiel einladen: Würden Sie sich die eben beschriebene Sicherheitsmaßnahme auf dem Herzmonitor anschauen, bemerkten Sie wahrscheinlich bei der optischen Darstellung des Herzrhythmus kaum nennenswerte Ausschläge. Ist das Herz des Menschen vollkommen eingemauert, ohne luftige Zwischenräume und erdrückend eng, würden Sie auf dem Monitor nur noch eine lange, linear verlaufende Linie erkennen. Diese aus vielen Filmen bekannte Linie zeigt in der Realität nur noch den Tod an.

Das Herz steht symbolisch für den Sitz unserer Gefühle und kann nicht nur durch äußere Einflüsse zu Schaden kommen, sondern auch durch negative Emotionen. Es ist sogar möglich, an einem gebrochenen Herzen zu erkranken oder gar zu versterben. Die Wissenschaft nennt das „Broken-Heart-Syndrom" oder auch Stress-Kardiomyopathie, ausgelöst durch emotionalen Stress wie Trauer, Panik und tiefgehenden Liebeskummer. Der Körper und das Herz werden von Stresshormonen geflutet, infolgedessen sich der Herzmuskel zusammenzieht und die

Gefäße verkrampfen, genauso wie es bei einem Herzinfarkt passiert. Mit diesem Wissen über die Zusammenhänge psychischer Vorgänge und körperlicher Reaktionen ist es geradezu logisch und nachvollziehbar, dass Menschen ihr Herz beschützen wollen. Die denkbar schlechteste und ungesündeste Herangehensweise ist allerdings, sein Herz in einen Panzer zu legen und emotional in der Dunkelheit zu leben. Es gibt verschiedene Wege, diesen Panzer zu erschaffen. Optisch sichtbar kann er sowohl durch eine deutliche Verfettung als auch durch eine übertrieben harte und mühsam erarbeitete Muskulatur werden. Ebenso können ein maskenhaftes Gesicht, frei von Linien und mimischen Ausdrücken, auf einen Panzer hindeuten. Stellen Sie sich einfach ein weiches und sanft schlagendes Herz in einem Schraubstock vor, das nach und nach erdrückt wird. Stellen Sie sich vor, wie kleinste Gefäße verengt werden und der Blutfluss ins Stocken gerät. Auch die Luft zum Atmen wird knapp, wenn, bildlich gesehen, vermeintliche Schutzmauern errichtet werden. Sämtliche Erkrankungen des Herz-Kreislauf-Systems und der Atmungsorgane können Folge eines Angstpanzers sein.

Warum das eine gute Entscheidung ist:

Es ist für jeden von uns nachvollziehbar, dass gerade Verletzungen in Liebesbeziehungen das Vertrauen nachhaltig schrumpfen lassen. Nirgendwo wird so viel gelogen, betrogen, verraten, verachtet, gedemütigt und gekränkt wie bei vermeintlich sich liebenden Paaren. Die Liebe kann Chaos, Drama und sogar den Tod nach sich ziehen. Die gegenseitigen Vernichtungsstrategien beginnen bei harmlos und unbewusst, gehen über subtil und raffiniert bis hin zu perfide und gemein.

*Wenn der Mond voll ist,
öffnet sich die Auster gänzlich,
und wenn die Krabbe es bemerkt,
steckt sie irgendeinen Stein oder Splitter in sie.
Und die Auster kann sich nicht mehr schließen,
worauf die Krabbe sie verspeist.
So geschieht es dem,
der das Maul aufreißt und sein Geheimnis preisgibt,
und so dem indiskreten Hörer zum Opfer fällt.*

Leonardo da Vinci

Es gilt als Erfolgsstrategie, sich nicht zu geschwätzig zu zeigen, manche Dinge für sich zu behalten und einen zarten Schleier um ungelüftete Geheimnisse zu legen. Es ist die goldene Empfehlung in puncto Machtspielchen an feindlicher Front und wird ebenso als verheißungsvoller Flirttipp gehandelt, denn Erotik braucht Geheimnis. Wenn Sie es schaffen, damit spielerisch umzugehen und Ihrem Gegenüber nur häppchenweise Ihr Innerstes zu präsentieren, verstehen Sie die „Leichtigkeit des Seins", ohne dabei ein Risiko für Ihre Gesundheit einzugehen. Doch zwischen dieser spielerischen Note und dem ernsthaften Verschluss der eigenen Emotionen und Bedürfnisse liegt ein schmaler Grat. Einen Teil von sich selbst in dunkler Gefangenschaft zu halten, führt unweigerlich in die Depression und ins Unglück. Wir können nicht glücklich sein und unsere Erfüllung finden, wenn wir wie eine Maschine funktionieren und unser Herz hinter kalter Materie verstecken. Wir werden dann vielleicht keine negativen Erfahrungen mehr machen, aber auch keine positiven. Wir werden vielleicht keine Tiefen mehr spüren, doch Höhepunkte wird es auch nicht mehr geben. Wir werden dann vielleicht alt in Zahlen, doch gestorben sind wir schon in jungen Jahren. Der Schutzpanzer hat die Funktion, negative Erlebnisse fernzuhalten, doch ebenso hält er das Lernen, Wachsen und Über-sich-hinaus-Wachsen von uns fern. Menschlicher zu werden, heißt auch, es wieder fließen zu lassen, die Tore und Türen in uns weit zu öffnen, damit unsere wertvollen Lebenssäfte freie Bahn haben.

Der bedeutende persische Poet und Mystiker Rumi gab zu bedenken: „Man sagt, die Liebe öffnet eine Tür von einem Herzen zum anderen; doch wenn es keine Mauer gibt, wo soll dann eine Türe sein?" Ein kluger Satz, der die tiefgreifende Aussage prägt, wahre Liebe und Liebesbereitschaft seien frei von Mauern und Misstrauen. Wenn dem nicht so ist, ist es auch keine Liebe. Dann sind Angst, Skepsis, Argwohn, Zweifel und Ungläubigkeit die treibenden Emotionen.

Ein über eine lange Zeit angelegter Panzer drückt auf unsere inneren Organe und behindert den Fluss von Blut, Lymphe und Gewebewasser. Wenn eine Blume nicht genug Wasser und Licht bekommt, wird sie verkümmern. Und genauso geht es uns und unserem Herzen auch. Was ist also zu tun? Wie kann ich mich von diesem Panzer befreien und mein Licht scheinen lassen? In erster Linie ist es wichtig, das Wesen der Liebe zu studieren und zu begreifen. „Alles, was wir mit Liebe betrachten, ist schön", sagte einst der Dichter Christian Morgenstern. Und warum sollen wir dichtmachen, wenn das Schöne im Leben um Einlass bittet? Es hat also etwas mit unserem Blickwinkel zu tun und damit, dass Liebe zu einem anderen Menschen nur dann entstehen kann, wenn wir uns selbst und unser eigenes Leben zu lieben wissen. Wenn der andere Mensch nicht dazu missbraucht wird, uns aus unserem grauen und anstrengenden Leben zu retten. Wenn das Gegenüber nicht ständig unsere Erwartungen erfüllen muss, damit wir es annehmen und eine Illusion von Glück weiter füttern können.

Die meisten Menschen leben in der irrwitzigen Annahme, vorausgesetzt sie sind sich dessen überhaupt bewusst, sie würden ihr Herz ausschließlich einem einzigen Menschen gegenüber verschließen. Ganz nach dem Motto: „Da lasse ich mich nicht drauf ein. Meine Gefühle gebe ich nicht preis. Diesen Fehler mache ich nicht noch einmal." Doch so funktioniert das Ganze nicht. Wenn Sie Ihr Herz verschließen, dann machen Sie insgesamt zu. Nicht nur für einen Menschen und eine Gelegenheit, sondern auch für andere Menschen und andere Gelegenheiten. Es ist also durchaus gesundheitsfördernd, etwas zu riskieren und sich erneut der Liebe zu öffnen, auch wenn Sie wiederholt auf die Nase gefallen sind. Das spricht eher dafür, dass Sie bestimmte Gedanken- und Gefühlsmuster haben, die Sie wiederholt in die gleiche Falle tappen lassen. Überprüfen Sie diese und lassen Sie nicht zu, dass das, was war, Sie zu einem emotionalen Krüppel werden lässt.

Von dem bereits erwähnten Dichter Rumi stammt im Ursprung eine kurze Geschichte, die ich, abgewandelt, folgendermaßen gehört habe:

Er klopft an ihre Tür. Sie fragt: „Wer ist da?" Er antwortet: „Ich bin's!" Die Tür bleibt verschlossen. Wochen später kehrt er zurück und klopft erneut an ihre Tür. Sie fragt: „Wer ist da?" Er antwortet: „Ich bin's, öffne mir die Tür!" Doch es passiert nichts, die Tür bleibt geschlossen. Monate später versucht er es erneut und klopft an ihre Tür. „Wer ist da?" – „Ich bin's!" Die Tür bleibt verschlossen. Nach einem Jahr Rückzug kehrt er an jenen Ort zurück und klopft beherzt an die Tür. Sie fragt: „Wer ist da?" Und er antwortet: „Du bist es!" Daraufhin öffnet sich die Tür und die Geliebte gewährt ihm Einlass.

Die Essenz dieser Botschaft lehrt uns die Essenz bedingungsloser Liebe: Ich begegne einem geliebten Menschen und lasse mein Ego außen vor. Ich bin frei von Forderungen und Erwartungen. Die spirituelle Welt weiß, dass wahres Glück, Gesundheit und Fülle nur aus einem Zustand der Liebe heraus entstehen können. Doch nur, wenn ich mich selbst lieben kann und zufrieden mit dem Leben bin, das ich unabhängig von der Anwesenheit eines Partners führe, bin ich fähig, einen solchen bedingungslos zu lieben. Ich kann den anderen annehmen wie er ist, mit all seinen Fehlern und Macken. Ich versuche nicht, ihn zu verändern. Was im Gegenzug nicht heißen soll: Ich lasse mir alles gefallen. Vielmehr bin ich in meiner ganzen Kraft, mir meiner Selbst bewusst und verstehe, mich sinnvoll abzugrenzen. Ich gebe dieser Liebesbeziehung genügend Raum, um sich frei und ohne Vorbehalte entwickeln zu können. Ich lasse die Geschehnisse frei fließen, und dieser leichte Fluss überträgt sich auf meinen Blutkreislauf.

Während meines Coachings ist mir immer wieder aufgefallen, dass besonders wir Frauen Probleme damit haben, den Partner so anzunehmen, wie er ist. In vielen Fällen muss er verändert werden und wird mit den eigenen Vorstellungen überfrachtet. Hält er diesen Ansprüchen und Erwartungen nicht stand, ist die Enttäuschung groß. Viele fühlen sich von ihrem Partner getäuscht. Oder haben sie sich womöglich selbst getäuscht? Enttäuschten Frauen sieht man ihre Verbitterung häufig an herabhängenden Mundwinkeln an. Wenn Männer in ihren Erwartungen enttäuscht werden, klammern sie sich oft über Jahre an vergangenen Tiefschlägen fest. Damit sie als Opfer möglichst unerkannt bleiben, verschließen sie unbewusst ihr Herz. Ihnen fällt oft überhaupt nicht auf, wie abweisend sie Gefühlsdingen gegenüberstehen und wie stark sie sich im Kopf aufhalten. Auf keinen Fall wollen sie noch einmal so verletzt werden. Das wird ihnen keine Frau mehr antun. Sie beschließen unausgesprochen und manchmal sogar auf unbewusster Ebene, direkt weniger zu investieren, damit es erst gar kein böses Erwachen geben kann. Auch bei Täuschungen und Kränkungen im beruflichen Umfeld reagieren sie impulsiv und machen gern die Schotten dicht. Männern sieht man ihre Schutzmauern besonders gut im Gesicht rund um die Augen an. Die Augen wirken kleiner und matter, zusammengekniffen und nach innen liegend. Sie wollen durch ihre Augen nicht mehr so viele Emotionen aufnehmen und schützen sich durch die Augenlider. Wenn das obere und untere Lid zudem noch geschwollen wirken und sich daraus ein Bezug zu den Nieren ableiten lässt, wird klar, dass dieser Mensch seinen Schmerz nicht loslassen kann. Sein Herz im Würgegriff zu halten, beeinträchtigt die Fließfähigkeit des Blutes und die anderer Körperflüssigkeiten. Die einzelnen damit korrespondierenden Organe wie Lunge, Nieren, Leber und Gehirn können nachhaltig in Mitleidenschaft gezogen werden. Es ist daher ratsam, die dicken Schutzmauern abzubauen, ein natürliches intuitives Warnsystem beizubehalten und den Menschen unvoreingenommen zu begegnen.

Die Verletzungen der Vergangenheit werden häufig als traumatisches Erlebnis empfunden. Verrat, Betrug, Loyalitäts- und Treueverlust, Zurückweisung, Ablehnung, Trauer und Missbrauch sind alte Wunden, die in der Wurzel angepackt werden müssen.

Im Coaching begegnete mir Max. Sein Thema war Misstrauen gegenüber der Belegschaft und das Gefühl, seinen Mitarbeitern selbstsicherer und durchsetzungsstärker gegenübertreten zu müssen. Er hatte erst vor Kurzem eine Herzproblematik und einen leichten Infarkt erlitten und wollte im Coaching für sich klären, inwieweit seine Arbeitssituation dafür verantwortlich ist. Während unseres Gespräches erzählte er mir von seiner Mutter und seinem schwierigen Verhältnis zu ihr. Es stellte sich heraus, dass er der Einzige aus der Familie war, der sich um die mittlerweile erkrankte Mutter kümmerte. Gleichzeitig beschrieb er das Verhältnis als angespannt und erwähnte, dass er sich am liebsten „vom Acker" machen wolle.

Während ich mit ihm sprach, bemerkte ich, dass ihm ein tiefsitzendes Loyalitätsgefühl und die Verpflichtung, „ein guter Junge" zu sein, das Leben schwermachten. Seine Beziehungen zu Frauen waren allesamt in die Brüche gegangen, obwohl er „eigentlich ein guter Junge war". Er wurde belogen, betrogen und ausgenutzt. Beide Ehefrauen hatten ihn wegen eines anderen Mannes verlassen. „Ich kann nicht mehr lieben. Für mich ist dieser Zug abgefahren." Er selbst schien seine private Situation nicht mit der beruflichen zu verbinden, obwohl für mich offensichtlich war, woher zum einen das fehlende Durchsetzungsvermögen und zum anderen das fehlende Vertrauen ihre Ursachen hatten. Sie wurzelten in alten sich immer wiederholenden Gefühlsmustern seiner Kindheit, fehlender Anerkennung des Vaters (der männlichen Seite) und einer Überbetonung von Passivität und Konfliktscheu in zwischenmenschlichen Beziehungen.

Ich erzähle Ihnen diese Geschichte, weil der Spagat zwischen einem offenen Herzen und einem gesunden Schutzmechanismus, verbunden mit der Fähigkeit, für sich selbst sinnvolle Grenzen zu setzen, oftmals eine große Herausforderung darstellt. Sie werden in den folgenden Kapiteln feststellen, dass insbesondere ein Ausgleich unserer weiblichen und männlichen Anteile sowie die Gesundung unseres inneren Kindes wichtige Voraussetzungen sind, um zu heilen und sein Herz auf gesunde Art und Weise zu schützen.

Wie ich vorbeugen und heilen kann:

Loslassen, Gottvertrauen, Großherzigkeit, Achtsamkeitsübungen, Sinnlichkeit entwickeln, auf Menschen zugehen, Mitgefühl, Hoffnung, Zuversicht, Liebe geben

Vielleicht kennen Sie die folgenden zwei Volksweisheiten: „Wem das Herz hüpft, dem ist kein Weg zu weit", „Ein Wort, das von Herzen kommt, macht dich drei Winter warm". In diesen beiden einfachen Sätzen liegt die beste Prävention verborgen, denn es ist von bedeutender Sinnhaftigkeit, dass Sie Ihre Aufgaben annehmen und den Herausforderungen Ihres Lebens mit echter Lebensfreude begegnen. Sollten Sie bemerken, dass Sie dauerhaft oder zeitintensiv etwas tun oder aushalten, das nicht Ihrer Herzenswahrheit entspricht, befinden Sie sich bereits auf dem Holzweg.

Dann haben Sie wahrscheinlich schon zugemacht. In einem solchen Fall orientieren Sie sich bitte an den anderen Kapiteln, insbesondere an Entscheidung 7: „Ich beende giftige Beziehungen!" und Entscheidung 8: „Ich lasse die Verletzungen meiner Kindheit los!".

Der erste Schritt, Ihr Herz offenzuhalten, ist das Sammeln von Dingen, die Sie tief im Herzen berühren oder berührt haben.

1. **Schreiben Sie alle Erinnerungen, die Ihr Herz in glückselige Unruhe versetzt haben, jeweils in ein bis drei Sätzen auf ein Blatt Papier. Schreiben Sie nur solche auf, die immer noch positiv nachwirken und nicht bereits mit einem persönlichen Gegenbeispiel negativ konditioniert sind.**
2. **Notieren Sie sämtliche Musikstücke, Bücher und Filme, die Ihr Herz in positive Wallung gebracht haben und das Potenzial besitzen, dies immer wieder zu tun.**

3. **Halten Sie alles fest, was Ihnen in den Sinn kommt, unter der Zielsetzung, Ihr Herz zu öffnen, und dem Gedanken daran, bei Ihnen Verzückung und Vorfreude auszulösen. Sowohl ein tägliches Ritual als auch ein neues Hobby, ein tolles Event oder eine schöne Reise kommen infrage.**

Im zweiten Schritt integrieren Sie diese positiv anregenden Dinge in Ihren Alltag. Setzen Sie sich gemütlich aufs Sofa und schalten Sie Ihre Wohlfühlmusik ein. Träumen Sie ein bisschen. Schließen Sie die Augen und vergegenwärtigen Sie sich, dass Sie in diesem Moment Ihr Herz öffnen. Legen Sie Ihre führende Hand auf Ihre Brust und atmen Sie dabei entspannt und gleichmäßig ein und aus. Stellen Sie sich Ihr Herz in Form eines warmen Lichts vor und fordern Sie es in Gedanken auf, dieses scheinen zu lassen. Spüren Sie, wie es sich ausweitet und wie ein wohltuendes Gefühl durch Ihren Körper fährt. Konzentrieren Sie sich auf Ihre Fingerspitzen und spüren Sie, wie diese starke, wärmende Kraft jetzt durch Ihre Hand und Ihren Arm fließt. Es ist Ihre Verbindung zur Außenwelt. Legen Sie Ihre Hände bequem in Ihrem Schoß ab. Vielleicht ist das Licht jetzt überall, an jeder Stelle Ihres Körpers. Visualisieren Sie schöne Erlebnisse der Vergangenheit oder Zukunft und stärken Sie Ihre Herzkraft.

Der dritte Schritt könnte bei denen, die bereits aufgrund von Enttäuschungen in den Rückzug gegangen sind, Gefühle von Widerwillen und Abwehr hervorrufen. Sie geizen mit ihren Gefühlen und haben keine große Lust, anderen Menschen Wohlgefühl zu bescheren. Sie verhalten sich dosiert aufmerksam, berechnend, folgsam, pflichterfüllend, distanziert, kühl und unverbindlich. Schließlich sind sie der Meinung, als Opfer schuldlos in diese Schutzfunktion hineingezwängt worden zu sein. Doch um erneut Liebe zu erfahren, ist es wichtig, diese auch zu zeigen und zu geben. Überlegen Sie einmal, welche Menschen Ihnen nahestehen und wen Sie gern in Ihren Vertrauenskreis aufnehmen möchten.

Drücken Sie Ihre Wertschätzung und Ihren Respekt aus, indem Sie den anderen anschauen und ihm zugewandt sind. Sprechen Sie Menschen mit deren Namen an. Nehmen Sie sich Zeit. Versuchen Sie es auf eine „herzliche“ Art.

Machen Sie hin und wieder ehrliche Komplimente. Bringen Sie Lob und Anerkennung zum Ausdruck. Tun Sie das, nachdem Sie sich tiefgründig mit den Stärken Ihres Gegenübers beschäftigt haben.

Werden Sie körperlich, wenn es passt und Sie es wirklich wollen. Entscheiden Sie sich für eine warmherzige Umarmung, einen spontanen Kuss, einen wohlwollenden Klaps oder einen stärkenden Händedruck. Folgen Sie auch hier Ihrem Herzen und verwechseln Sie nicht eine öffentlich anerkannte Begrüßungsgeste mit dem Ausdruck eines Gefühls.

Sagen Sie nur Dinge, die Sie auch einhalten können. Zeigen Sie sich verbindlich.

Machen Sie kleine Geschenke. Damit meine ich nicht ausschließlich materielle Dinge, sondern Aufmerksamkeiten jeglicher Form. Sie können den Hund Gassi führen, weil der Besitzer erkrankt ist, das Auto an anderer Stelle parken, weil es verkehrswidrig steht, frische Brötchen aus der Stadt organisieren, weil das die besten sind, oder einen kubanischen Pesos als Glücksbringer verschenken, um einem anderen Mut und Zuversicht zuzusprechen.

Entscheidung 6

Ich vereine meine weiblichen und meine männlichen Anteile!

Zwei Seelen wohnen – ach – in meiner Brust.
Die eine will sich von der anderen trennen;
die eine hält in derber Liebeslust,
sich und die Welt mit klammernden Organen;
die andere hebt gewaltsam sich vom Dust
zu den Gefilden hohen Ahnen.

aus Goethes Faust

Was mich wirklich krank macht:

Innere Unruhe, Angst, Zerrissenheit, Hyperaktivität,
Kontrollwahn, Verbissenheit, Übertreibung,
Aufgeregtheit, Regungslosigkeit, Wehrlosigkeit, Ohnmacht,
Verschlossenheit, Einsamkeit, Verleugnung

Die Vereinigung der weiblichen und männlichen Anteile in uns selbst ist die Voraussetzung für jede wunderbare Zusammenkunft mit einem anderen Menschen. Sie allein schafft die Möglichkeit, sich ganz und glückselig zu fühlen, denn sie ist Teil der herrschenden Dualität und Polarität, deren innere Ausbalancierung für das Gleichgewicht im Leben steht. Auch die philosophische Interpretation von Yin und Yang hat mit der existierenden Dynamik zweier gegensätzlicher Pole zu tun. Beide haben die Berechtigung, da zu sein, sie sind weder gut noch böse, weder falsch noch richtig. Sie bedingen einander, lassen sich nicht beherrschen, sondern nur in eine gesunde Ordnung und Balance bringen. Es ist die natürliche Energie von Ein- und Ausatmen, von Ausdehnen und Zusammenziehen. Es ist Licht und Schatten. Hell und dunkel. Tag und Nacht. Sommer und Winter. Feuer und Wasser. Voll und leer. Laut und leise. Hart und weich. Rechts und links. Außen und innen. Aktiv und passiv. Geben und empfangen. Sauer und basisch. Männlich (Yang) und weiblich (Yin).

Unabhängig davon, ob Sie eine Frau oder ein Mann sind, tragen Sie weibliche und männliche Anteile in sich. Gibt es eine Überbetonung eines bestimmten Musters, eine Fehlentwicklung, eine Vernachlässigung oder auch eine Verdrängung und Verleugnung, gerät diese Achse in Schieflage und zahlreiche Störungen und Krankheiten können die Folge sein. Eine kraftvolle Mittelachse und ein ruhiger Mittelpunkt sorgen demnach für Ausgeglichenheit, Leichtigkeit und eine gute Körperhaltung. Wenn die weibliche und die männliche Kraft im eigenen Körper in einem sich ergänzenden, konstruktiven Modus sind, zeigt sich dieser Mensch im Außen weniger bedürftig und getrieben, um mithilfe eines anderen Menschen seine schmerzhafte Lücke zu schließen. Er sucht nichts, denn er weiß instinktiv, dass er selbst alles in sich trägt.

Doch welche Krankheiten spiegeln uns diese fehlende Balance zwischen weiblicher und männlicher Wirkung in unserem Körper wider? In erster Linie zählen alle funktionellen Störungen und Erkrankungen dazu, die mit lokalen Verhärtungen und einer Schieflage des Körpers zu tun haben. Sie fordern uns auf, unsere „Schattenseite" in Augenschein zu nehmen und eine Richtungsänderung anzuvisieren. Beispiele sind hier: Muskelverhärtungen, Skoliose, einseitige Belastungsstörungen, Gelenkentzündung, Fehlstellung der Füße, Gleichgewichtsstörungen.

Aber auch ein Ungleichgewicht der Hormone kann sowohl Ursache als auch Wirkung für eine mangelhafte Vereinigung beider Geschlechter in uns selbst sein. Bei deutlicher Überbetonung einer Seite kann es zu vielen Ausfallerscheinungen von Schlafstörungen über Erschöpfung bis hin zu Depressionen kommen. Sollten Sie feststellen, dass ausschließlich eine Körperhälfte von Wehwehchen und Krankheiten heimgesucht wird, überprüfen Sie doch einmal, ob Sie es als Zufall akzeptieren oder als Zeichen einer Überlastung Ihres weiblichen oder männlichen Wirkens sehen. Die linke Körperhälfte steht übrigens für Yin (weiblich) und die rechte für Yang (männlich). Dass wir meistens mit diesen beiden sich umspielenden Anteilen körperlich eingeschlechtlich, das heißt entweder im Körper einer Frau oder im Körper eines Mannes, unterwegs sind, macht die ganze Sache nicht unbedingt einfacher. Gesellschaftlich festgesetzte Werte und kollektive Verhaltensregeln können unser inneres Gleichgewicht empfindlich stören.

Warum das eine gute Entscheidung ist:

Erinnern Sie sich an die Einleitung und die Zeichnung der „Goldenen Achse“? Die Ausgewogenheit unserer weiblichen und männlichen Anteile macht die eine Hälfte dieser Kugel aus, die andere wird durch die Aussöhnung mit dem eigenen inneren Kind erreicht. Alle anderen in diesem Buch genannten wichtigen Entscheidungen docken hier an. Die Ausbalancierung wird umso leichter, je bewusster wir uns der Wechselwirkungen sind und je intensiver wir im Kern unsere Arbeit leisten.

Werfen wir zunächst einen genauen Blick auf die Frau und den Mann in uns: Der männliche Anteil, der auch für den Tag und die Aktivität steht, drückt sich durch Bewegung, Zielorientierung und Schaffenslust aus. Ihm werden symbolisch das Licht, das Feuer, die Hitze und Ratio zugeordnet. Er schreitet voran, geht nach vorne und nach außen. Er will Ziele erreichen und Zukunft gestalten. Der weibliche Anteil hingegen, der die Nacht repräsentiert und für Passivität steht, zeigt sich durch Ruhe, Sanftheit und Gleichmut. Ihr werden die Dunkelheit, die Kälte, das Wasser und die Gefühlstiefe zugeschrieben. Sie nimmt auf, lässt geschehen, lässt fließen. Sie bleibt passiv, ruht und gesteht den Dingen eine natürliche Entwicklung zu. Sie merken schon, zwei völlig unterschiedliche Kräfte sind am Werk und doch kann das eine nicht ohne das andere sein. Würden wir ausschließlich unserer männlichen Energie folgen, wären wir am Ende des Tages überdreht, schlaflos und ausgebrannt. Nehmen wir an, die weibliche Energie würde die Oberhand gewinnen, dann wäre wahrscheinlich ein phlegmatischer, verwahrloster und trauriger Mensch unser Gegenüber. Im ersten Fall ist eine übertrieben gelenkte männliche Kraft der Versuch, mehr Lebensfreude zu gewinnen, im zweiten Fall versucht der übermäßig weibliche Anteil, in die Entspannung zu gehen und an Weisheit zu gewinnen. Die Lebensfreude, die, als Metapher gesprochen, ein wärmendes Feuer und ein Funkeln verkörpert, kann sich bei einem zu verbissen hinterherjagenden Impuls als Verbrennung, Entzündung, Trockenheit oder Ausgebranntsein (Burn-out) präsentieren. Der weibliche Pol wiederum, der sich mit extremer Gefühlstiefe zu ausgiebig dem Sein hingibt, wird „im eigenen Gefühlswasser ertrinken“ und emotional vereinsamen. Die fehlende Handlungsbereitschaft wird auch prickelnde Gefühle wie Lust und Freude abwürgen. Ein gutes Mittelmaß zu halten, ist wie bei den meisten Dingen im Leben ein lohnenswertes Ziel.

In der Vorbereitung zu diesem Buch diskutierte ich diesen Punkt mit einem männlichen Kollegen. Dieser gab spontan zu bedenken, dass ihm eine ausgewogene Mitte als erstrebenswertes Ziel persönlich als zu angepasst und unattraktiv erscheine: „Also ich wäre nicht an Mitte interessiert. Das ist doch Mainstream. Zu gewöhnlich.“ Er glaubt, die bewusste Überbetonung einer Seite, in seinem Fall der männlichen, sei lohnenswerter und wirke auf andere Menschen anziehender. Ein irreführender Gedanke, der zeigt, wie fehlerhaft das Modell des inneren Ausgleichs verstanden werden kann. Wenn Sie sich pudelwohl fühlen, haben Sie Ihre eigene Mitte gefunden und machen alles richtig. Lassen Sie mich Folgendes klarstellen: Es geht nicht darum, wie Sie auf andere wirken. Es geht vielmehr darum, ob Sie sich wohlfühlen, energiegeladen und glücklich sind. Wenn Sie diese innere Stärke und Ausgeglichenheit in sich fühlen, wirken Sie automatisch attraktiv auf andere. Und zwar unabhängig davon, welche prozentuale Verteilung Ihrer geschlechtsspezifischen Anteile Sie persönlich vereinen. Die Mitte ist allein schon deswegen kein Mainstream, weil nur sehr wenige Menschen es schaffen, sich immer wieder neu dort einzupendeln. Das zeigen auch die zahlreichen problematischen und gescheiterten Beziehungen sowie die vielen Patienten in psychotherapeutischer Behandlung und in den Entzugskliniken. Sie alle haben nicht gelernt, ihre weiblichen und männlichen Seelenanteile gleichberechtigt zu integrieren. Außerdem lässt sich beobachten, dass viele Menschen in der westlichen Welt ihren männlichen Anteilen stärkere Beachtung schenken. Insbesondere Frauen haben in den letzten Jahren ihren männlichen Pol aktiviert und zeitgleich den weiblichen gedämpft. Das ist einer der Gründe, warum psychische Erkrankungen und Schlafstörungen bei uns auf dem Vormarsch sind. Viele schaffen es nicht, sich abends runterzufahren und den Kopf auszuschalten. Damit hier keine Missverständnisse aufkommen: Ich spreche nicht davon, feminine oder maskuline Anteile abzulegen, sondern davon, genau unter die Lupe zu nehmen, an welcher Stelle man sich selbst behindert, um dann eine Umverteilung vorzunehmen. Jeder von Ihnen hat seine ganz eigene individuelle Mitte. Meine Mitte ist nicht Ihre Mitte. Und Ihre Mitte ist nicht die Mitte Ihres Partners, Ihrer Mutter oder Ihres Kindes. Die innere Ausgewogenheit beider Anteile hat nichts mit Ihrem Erscheinungsbild im Außen zu tun. Sie können eine mit femininen Attributen ausgestattete Frau oder ein echtes Mannsbild sein. Nach dem Psychologen C.G. Jung stehen die „Anima" für die weibliche Stimme im Mann und der „Animus" für die männliche Betonung in der Frau. Es gibt auch Überlegungen dazu, die aussagen, wir ließen uns bei der Partnersuche von unserer Anima oder unserem Animus leiten, indem wir diese unbewussten Persönlichkeitsanteile auf einen möglichen Wunschpartner projizieren. Während führende Feministinnen glauben, es gäbe keine grundlegenden psychologischen Unterschiede zwischen Mann und Frau, behauptete Jung zur damaligen Zeit, Männer seien nach außen männlich und nach innen weiblich und bei Frauen wäre das genau umgekehrt. So würden Frauen nach außen weich und empfänglich wirken, im Kern jedoch hart und beherrschend sein. Auf der anderen Seite wirken Männer nach außen hart und aggressiv, sind in Wahrheit jedoch fürsorglich und stark auf andere bezogen. Mit Blick auf die heutige Gesellschaft und Wirklichkeit sollten wir nicht alles über einen Kamm scheren. Die Persönlichkeit eines Menschen ist viel komplexer, als es den Anschein hat. Es spielt eine erhebliche Rolle, ob Sie eine Frau oder ein Mann sind, denn die kulturellen und gesellschaftlichen Maßstäbe haben über Generationen hinweg Einzug in jede Seele genommen.

Bitte lassen Sie sich folgende Fragen einmal durch den Kopf gehen: Befinden Sie sich aktuell im Körper einer Frau oder eines Mannes? Inwieweit akzeptieren Sie diese Feststellung und welche sexuellen Empfindungen hegen Sie? Welche alten Glaubenssätze (Prägungen von Mutter und Vater) über weiblich und männlich bringen Sie mit? Welcher Anteil in Ihnen ist überbetont oder unterrepräsentiert, und warum? Funktionieren Ihre Beziehungen bzw. welche immer wiederkehrenden Probleme begleiten Sie? Welche Krankheiten und Befindlichkeitsstörungen machen Ihnen das Leben schwer und inwieweit könnten diese mit Ihren inneren Anteilen zu tun haben?

Wenn Sie bereits bei den ersten beiden Fragen ins Schwitzen und Schwanken kommen, wundern Sie sich bitte nicht, wenn Krankheiten Ihnen das Leben schwermachen. Wenn Sie beispielsweise im „falschen" Körper geboren oder homosexuell sind, diese Tatsache jedoch nicht akzeptieren können, sie gar verdrängen oder verleugnen, wird Sie diese Lebenslüge früher oder später einholen. Lebenslügen und Selbstbetrug bewirken Krankheit. Alles, was Sie ablehnen, ziehen Sie wie einen Fluch in Ihr Leben hinein. Im ständigen Bemühen, das vermeintliche Problem unter den Teppich zu kehren und aus Ihrem Bewusstsein zu verbannen, bleiben Sie in strenger Konzentration und ziehen stattdessen die Problematik und einen Rattenschwanz an Behinderungen in Ihr Leben. Ähnlich verhält es sich mit den Mustern Ihrer Vergangenheit: Sollten Sie beispielsweise im Elternhaus eine starke männliche Vaterrolle und eine schwache Mutter erlebt haben, kann es Ihnen passieren, dass Sie dem maskulinen Anteil in Ihrem Leben mehr Raum geben und Ihre weiblichen Anteile vernachlässigen. Vielleicht ist Ihnen noch nicht einmal bewusst, wie stark Sie das von Ihrer Mutter vorgelebte weibliche Rollenbild in Wahrheit ablehnen.

Hierzu ein Beispiel: Eine Klientin, Mitte vierzig, wir nennen sie Andrea, ist in einer Führungsposition mit einem kleinen gemischten Team und versteht es, Ansagen zu machen und ihre Position zu behaupten. Ihr kantiges Gesicht wirkt eingefallen und trocken. Stressfalten auf den Wangen, Augenringe und ein rötliches Augenweiß zeigen ganz klar einen Erschöpfungszustand sowie eine Dehydratation. Ein deutliches Zeichen dafür, dass Andrea ihren männlichen Anteilen eine Dominanz zuspricht, zumindest hat es im beruflichen Leben diesen ersten Anschein. In unserer Unterhaltung wird klar, dass sie ihre Mutter als dem Vater unterstellt wahrgenommen hat, als angepasste Hausfrau, die sich neben Haus und Kindern auch noch um den Schriftkram ihres Mannes kümmerte. Die Mutter wirkte auf Andrea fremdbestimmt, gefangen und unglücklich. Ihr Vater, von Haus aus Handwerker mit eigenem Betrieb, verwaltete die familiären Geldangelegenheiten und traf anstehende Entscheidungen. Genau das wollte Andrea immer anders machen. Deswegen auch der herausfordernde Job und die viele Arbeit. Als ich Andrea auf ihre eigene häusliche Situation und ihren Ehemann anspreche, um zu klären, inwieweit dieser eine Unterstützung für sie darstellt, bricht sie in Tränen aus. Es stellt sich heraus, dass sie zwar auf der einen Seite vehement das Verhalten und die fehlende Selbstbehauptung ihrer Mutter ablehnt, auf der anderen Seite jedoch genau die gleiche Passivität an den Tag legt. Der männliche Anteil ist in ihrem Arbeitsleben zu stark und in ihrem häuslichen Leben untergraben.

Sie erkennen an diesem Beispiel, dass es weniger darum geht, einen Anteil lediglich auszubremsen, als vielmehr darum, eine gesunde und harmonische Verteilung beider Seiten in uns herzustellen. Andrea urteilt über das Leben ihrer Mutter, ohne genau zu wissen, wie glücklich oder unglücklich diese wirklich war, und bemerkt dabei nicht einmal, dass diese Situation ihr nur als Spiegel dient. Selbstvertrauen aufzubauen und Vertrauen in die Mitarbeiter zu investieren, um es dann einfach auch mal fließen zu lassen, ist feminine Energie. Aktiv im Privatleben Stellung zu beziehen und Grenzen zu setzen sowie Entscheidungen zu treffen, entspricht der maskulinen Kraft. Die Balance und die goldene Mitte schaffen hier eine innere Ruhe.

Eine ähnliche und dennoch völlig anders geartete Schieflage habe ich bei Werner beobachtet: Ein echter Kerl, ein Baum von einem Mann, zumindest auf den ersten Blick. Männlich, muskulös, ernster Blick, tiefe Stimme. Er wirkt verschlossen, obwohl er viel redet und seine Lebens- und Leidensgeschichte mit den immer wiederkehrenden Enttäuschungen in der Liebe vor mir ausbreitet. Er erzählt, er hätte sich noch nie um eine Frau bemüht. Im Gespräch wird deutlich, dass er generell nicht gern Position bezieht, ihm Entscheidungen schwerfallen und er lieber in einer abwartenden Position verharrt. Er lässt die Dinge auf sich zukommen, alles soll seinen natürlichen Lauf nehmen. Er lässt es geschehen, auch die Angriffe und Verletzungen, ohne sich zu wehren und nach vorne zu gehen. Seine männlichen Anteile bringt er wie eine Art Schauspiel nach außen, bleibt in seinem tiefen Kern jedoch weich, passiv und empfänglich. Er kann weder fordernd noch bestimmend agieren. Er leidet an Bindungsängsten und depressiven Verstimmungen.

Die „Goldene Achse“ sackt bei einem deutlichen Ungleichgewicht immer tiefer in den dunklen Bereich, in dem negative Gefühle wie Neid, Missgunst, Eifersucht, Frustration, Sehnsucht, Zweifel, Ohnmacht, Einsamkeit und Angst vorherrschen.

Wie ich vorbeugen und heilen kann:

Selbstanalyse und Identifizierung des Ungleichgewichts, von der jeweiligen Dominanz abhängige Interventionen

Der allererste Schritt ist eine genau Status-quo-Analyse, bei der Sie überprüfen, ob Sie sich in Ihrer Haut und in Ihrem Körper wirklich wohlfühlen. Stellen Sie sich folgende Fragen: Bin ich glücklich darüber, ein Mann zu sein, bzw. genieße ich es, eine Frau zu sein? Lebe ich gern mein Leben als Mann bzw. als Frau? Inwieweit habe ich das Gefühl, nicht mein eigenes Leben zu leben? Erfülle ich lediglich bestimmte Rollenbilder, die meine Eltern und die Gesellschaft mir vorgegeben haben? Setzen Sie sich mit alten Glaubensmustern auseinander, die in Ihnen ein bestimmtes Verhalten bewirken oder zu Gewissensbissen bei Nichterfüllung führen. Prüfen Sie, welche Anteile bei Ihnen die Oberhand gewonnen haben und ob diese Gewichtung ein gutes Gefühl in Ihnen auslöst. Sind Sie als Mann beispielsweise mit folgenden Glaubenssätzen groß geworden (auch Frauen können diese Überzeugungen verinnerlicht haben, sowohl in der Eigenbetrachtung als auch im Hinblick auf die Männerrolle): Ein Mann weint nicht. Ein Mann geht seinen Weg. Ein Mann zeigt keine Schwäche. Ein Mann muss erfolgreich sein. Ein Mann macht Karriere. Ein Mann bietet seiner Familie ein gutes Leben. Ein Mann ist aktiv. Ein Mann trifft Entscheidungen, und Sie genau nach diesen Regeln leben, wird sich mit aller Wahrscheinlichkeit der nicht beachtete weibliche Pol in Ihnen früher oder später Gehör verschaffen wollen. Innerhalb der Traditionellen Chinesischen Medizin würde eine Yang-Dominanz diagnostiziert werden, die zu zahlreichen Störungen führen kann wie Hitze, Fieber und Austrocknung, Erregung und Hyperaktivität, Entzündung und Verengung. An dieser Stelle wäre es ratsam, die Dominanz der männlichen Anteile zu stoppen und die weiblichen Kräfte zu aktivieren: Rückzug, Entspannung, Meditation, Kontemplation, Thai-Chi, Yoga, Wasser trinken, Obst, Rohkost, vorzugsweise basische Ernährung, sich eine Massage gönnen, Umarmungen, Sinnlichkeit, Genuss, Ruhe, Frieden, guter Schlaf, Spiritualität kultivieren. Den weiblichen Teil zu integrieren, bedeutet, nach innen zu gehen und nach Hause zu kommen. Es hat viel mit unseren Wurzeln zu tun und schafft Verbundenheit.

Sollten Sie bemerken, dass der männliche Anteil in Ihnen unterdrückt und wenig gelebt wird, Sie nicht aktiv Ihre Bedürfnisse befriedigen und sich innerlich bereits zurückziehen, wird es Zeit für ein neues Gleichgewicht. Eine Yin-Dominanz äußert sich vor allem durch Ängste, Resignation, Einsamkeit und Freudlosigkeit. Auf körperlicher Ebene können Kältegefühl, Müdigkeit, Energieverlust sowie Wasseransammlungen, Schweregefühl und Verschleimungen im Körper einen Hinweis geben. Die beste Prävention und Behandlung in diesem Fall ist eine Stärkung des Selbstbewusstseins durch klares Erkennen der eigenen Werte und Bedürfnisse und einer konkreten Zielformulierung. Es geht darum, Neues zu lernen, den Stillstand zu beenden und aktiv für die eigenen Bedürfnisse einzustehen. Der männliche Anteil wird integriert durch Produktivität und ein „Nach-draußen-Gehen“. Sie kennen vielleicht den Satz: Kinder brauchen starke Wurzeln und Flügel, um selbstverantwortlich das Beste aus ihrem Leben zu machen. Der männliche Anteil steht für die Flügel und die Expansion. Entwerfen Sie einen Aktionsplan und gehen Sie mit Disziplin ans Werk. Was zusätzlich hilft: eiweißreiche Kost und vollwertige Mahlzeiten, Muskeltraining, Powerposen, frische Luft, sportliche Betätigung, Arbeiten, Natur, Wanderungen, Reisen, mit anderen zu spielen, Spaß zu haben und Erfahrungen auszutauschen.

Wie Sie sicher erkannt haben, können die weiblichen und männlichen Kräfte auf eine positive oder negative Art ausschlagen. Ihr Erfolgsgeheimnis beruht darauf, beide Pole auf positive Weise anzuheben bzw. abzudämpfen, sodass das für Sie bestmögliche Mischverhältnis entsteht.

Entscheidung 7

Ich beende giftige Beziehungen!

Der Narzissmus trägt viele Masken:
Heiligkeit, Pflichtbewusstsein,
Freundlichkeit und Liebe,
Bescheidenheit und Stolz.
Er reicht damit von der Haltung
eines hochmütigen Menschen
bis zu der einer bescheidenen und
unaufdringlichen Person.

Erich Fromm, „Die Antwort der Liebe"

Was mich wirklich krank macht:

Angst, Handlungsunfähigkeit, Aushalten und Ausharren,
Ohnmacht, Energieräuber, Narzissmus,
Täuschung, emotionale Kälte, Falschheit, Manipulation,
Kränkung, Lüge, Betrug

Der Musiker Bob Dylan sagte einmal: „Seltsam, dass Leute, die zusammen leiden, stärkere Beziehungen haben, als die Leute, die sehr zufrieden sind.“ Das ist in der Tat seltsam, aber auch nachvollziehbar, denn Menschen, die extreme Herausforderungen und Katastrophen zusammen bewältigen, fühlen sich einander näher. Günstigstenfalls werden Erfahrungen konstruktiv genutzt und geben der Beziehung Halt und Schutz. Gemeinsam durchlebtes Leid schweißt zusammen. Eine ebenso starke Beziehung – allerdings mit einer destruktiven Dynamik – entsteht, wenn mindestens einer von beiden in stiller Abhängigkeit leidet. Es scheint unzählige Menschen zu geben, die trotz eines schwierigen und egozentrierten Partners keine Konsequenzen ziehen. Selbst jene nicht, die sich darüber bewusst sind, unter der Anwesenheit und dem Verhalten ihres Partners zu leiden. Das gleiche Phänomen zeigt sich häufig bei erwachsenen Kindern, die an ihren Müttern hängen, obwohl diese nicht oder nur mangelhaft ihrer Fürsorgepflicht nachgekommen sind. Mütter, die den Liebeshunger ihrer Kinder ausnutzen, sie für ihre egoistischen Zwecke instrumentalisieren und auf diese Weise in emotionaler Abhängigkeit halten. Und genau diese Abhängigkeitsverhältnisse werden im weiteren Leben oftmals auch zu den Partnern aufgebaut. Oder das Kind entwickelt selbst eine narzisstische Persönlichkeit und hält seinen Partner in emotionaler Gefangenschaft.

Es gibt einen einfachen Weg, die Qualität Ihrer Beziehung zu überprüfen: Stellen Sie sich die Frage, ob Ihr Partner Ihre Werte akzeptiert oder sie mit Füßen tritt. Wie oft haben Sie schon einen Stich im Herzen gefühlt? Wie oft konnten Sie die Welt nicht mehr verstehen? Wie oft haben Sie an seiner oder ihrer Liebe gezweifelt? Eine sich wiederholende Verletzung, mag es unabsichtlich oder mutwillig geschehen, die ohne Konsequenzen Ihrerseits bleibt, versetzt Sie in eine Situation des lautlosen Verharrens. Vielleicht reden Sie sich anfangs die ganze Sache schön und verdrängen das Problem gekonnt, indem Sie es wie ein bearbeitetes Schriftstück abheften und zu den Akten stellen. Sie können sich Ihre Verletzung auch wie einen Ball vorstellen, den Sie nicht mehr sehen wollen und den Sie kräftig unter Wasser zu drücken versuchen. Doch was passiert, wenn Sie einen Ball unter Wasser drücken? Haben Sie das schon einmal versucht? Es ist physikalisch unmöglich, er springt immer wieder an die Wasseroberfläche. Solche Gefühle lassen sich nicht verstecken und jeder Versuch ist nur ein Bestreben der Selbsttäuschung. Fragen Sie sich in aller Ausdrücklichkeit: Fühle ich mich wohl mit diesem Menschen? Tut er mir gut? Habe ich mehr Energie, wenn ich mit ihm zusammen bin? Oder schwächt mich das Zusammensein mit ihm? Weiß ich in meinem tiefsten Inneren sogar, dass meine Beziehung eine Lüge ist? Inwieweit halte ich selbst aus falschen Motiven an einer belastenden Verbindung fest?

Wenn Sie in einer toxischen Beziehung stecken, was nicht automatisch heißen muss, dass Ihr Partner ein schlechter Mensch ist, ist es sinnvoll, diese zu beenden. Es besteht die Möglichkeit, dass die Werte und das Verhalten Ihres Partners trotz gegenseitiger Zuneigung einfach nicht zu Ihren Überzeugungen passen. Was im Kern nicht zusammengehört, wird in der Realität scheitern. Sie können bezüglich des Freizeitverhaltens sicher Kompromisse finden. Entscheidend für eine emotional erfüllende Beziehung sind jedoch passende und miteinander korrelierende Werte und Charaktermerkmale.

Das „Gift“ in Ihrer Beziehung kann natürlich auch durch den Partner selbst kommen, denn es gibt sie, die Wölfe, die Egoisten, die Narzissten, die Psychopathen, die Charakterlosen und die Kriminellen. Sie hegen selten positive Absichten, sind höchst manipulativ und agieren durchtrieben und berechnend. Ob Sie nun mental bemerken, dass Sie in einer toxischen Verbindung feststecken, oder nicht, der Körper verrät Ihnen alles, was Ihre Seele längst weiß. Funktionelle Störungen jeder Art, von Magen- und Darmbeschwerden, Herzrhythmusstörungen, Nieren -, Blasen- und anderen Unterleibsbeschwerden bis hin zu Atemwegs- und Krebserkrankungen können die Folge eines dauerhaften Verharrens in einem bedrohlichen Umfeld sein. Ungelöste Beziehungsprobleme können Wasseransammlungen im Körper bewirken. Ein klarer Hinweis, einen Menschen oder eine Situation loszulassen und gleichzeitig auch das Wasser im Körper auszuleiten. Eine starke Ablehnung kann sich auch durch wiederkehrende Blockaden und Entzündungen in den Nasennebenhöhlen zeigen. Die Nase voll zu haben und den anderen nicht riechen zu können, sind gängige verbale Ausdrucksmöglichkeiten.

Warum das eine gute Entscheidung ist:

Das Gefährliche an einer toxischen Beziehung ist, dass sie häufig lange unerkannt bleibt und wie ein versteckter Virus von innen heraus zu immer neuen Schwächeanfällen führt. Es fällt Ihnen zwar auf, dass Sie öfter bei einem Arzt vorsprechen, es Ihnen an Energie fehlt oder Ihr Immunsystem Sie einfach im Stich lässt, aber Sie akzeptieren es meist als rein körperliche Symptomatik und stellen keine Verbindung zu Ihrem Partner oder anderen Menschen in Ihrem Umfeld her. Das ausgesprochen Verzwickte an solch einer Situation ist, dass Sie auf der einen Seite vielleicht sogar einen Satz wie „Der macht mich krank" formulieren können, auf der anderen Seite jedoch selbst nicht daran glauben. Die Ebene des Energieraubs und die Verletzungen finden auf einer solch subtilen Weise statt, dass Sie für das Verhalten dieses Menschen auch noch Rechtfertigungen und Entschuldigungen finden. Sie fühlen ganz genau, dass hier etwas nicht stimmen kann, doch solange der andere Mensch hin und wieder auch einmal freundliche Seiten an den Tag legt oder sich für sein Fehlverhalten entschuldigt, sind Sie gewillt, an Besserung und Heilung der Situation zu glauben. Bezüglich Partnerschaften haben verschiedene Untersuchungen gezeigt, dass Verheiratete gesünder und länger leben als Menschen ohne Beziehung. Weiterführende Studien belegen einen Unterschied zwischen Frauen und Männern und kommen zu dem Ergebnis, dass verheiratete Männer länger leben, unglücklich verheiratete Frauen aber keineswegs gesünder sind. Weiterhin gibt es Erkenntnisse, dass sich das Krankheits- und Sterblichkeitsrisiko nach Trennungen vom Partner, aufgrund von Tod oder Scheidung, um zwanzig Prozent erhöht. Auf der anderen Seite hören wir immer wieder davon, dass Menschen plötzlich aufblühen und ihr Leben neugestalten, nachdem ihr Partner gegangen oder verstorben ist.

Eine Ärztin erzählte mir von einer Patientin, die über Jahre mehrfach im Monat ihre Praxis aufsuchte und über allerlei Störungen und Wehwehchen klagte. Die Symptomatik war vielfältig und reichte von einfachen Magenverstimmungen und Erkältungen bis hin zu Nebenhöhlenentzündung und Gallenkolik. Irgendwann blieb der Besuch der Dame aus und die Ärztin machte sich Gedanken, ob ihr vielleicht etwas zugestoßen war. Nach fast zwei Jahren ließ sie sich dann wieder zwecks einer Routineuntersuchung blicken. Ihr Ehemann war in der Zwischenzeit verstorben. Sie selbst fühlte sich prächtig und die eingehende Untersuchung bestätigte: Diese Frau ist kerngesund.

Eine Partnerschaft ist keine Garantie für bessere Gesundheit und ein langes Leben. Sie kann allerdings der Gesundheit und einer hohen Lebenserwartung zuträglich sein, sofern sie durch einen respektvollen Umgang miteinander geprägt ist, bei dem gegenseitige Wertschätzung, Unterstützung und Wachstum selbstverständlich sind. Wenn eine Verbindung qualitativ minderwertig ist und mehr Schaden als Glück anrichtet, ist es auf jeden Fall gesünder, diese zu durchtrennen und eigene Wege zu gehen. Auch dann, wenn das erst einmal eine Herausforderung darstellt und unüberbrückbare Schwierigkeiten wie gegenseitige Vorwürfe, Ignoranz, Schuldzuweisungen, Drohungen, Verachtung und Beschimpfung eine Loslösung erschweren.

Über welche Beziehungsrealität können Sie berichten und wie qualitativ wertvoll ist die Verbindung? Der erste Schritt, um die wahren

Gefühle und eine mögliche Gewohnheit zu identifizieren, ist das Einschalten sämtlicher Sinne. Können Sie Ihren Lieblingsmenschen noch riechen? Sehen Sie ihn gern an? Hören Sie gern seine Stimme und lauschen seinen Worten, wenn er erzählt? Mögen Sie ihn berühren und von ihm berührt werden? Erzählen Sie gern und offen von Dingen, die Ihnen am Herzen liegen? Und was ist mit der Familie Ihres Partners oder Ihrer Partnerin, können Sie diese akzeptieren oder reagieren Sie wertend und ablehnend? Stellen Sie sich vor, Sie würden die Fragen verneinen und weiterhin im gleichen Haus leben, Seite an Seite, mit einem Menschen, bei dem Sie nur noch Abwehr empfinden und den Sie lieber auf Distanz halten wollen. Eine fatale Idee, mit dem Feind unter einem Dach zu wohnen oder ein Bett zu teilen. Wenn Sie sich von diesem Menschen emotional entfernt haben und schwerlich in der Lage sind, seine Gesellschaft zu genießen, sind Sie wahrscheinlich auch in Ihrem Vertrauen zu diesem Menschen gestört. Sie sind auf der Hut und passen auf, dass nichts passiert, was Ihnen schaden könnte. Sie legen sich unbewusst einen Panzer an, um vor weiteren Angriffen geschützt zu sein. Sie drehen der Person nicht den Rücken zu und bleiben kontrolliert, weil Sie dessen wahres Gesicht nicht erkennen können. Sie können sich sicher vorstellen, dass eine solche Atmosphäre Missverständnisse und Streitigkeiten hervorruft. Diese Konflikte können aufgrund des Misstrauens und des fehlenden Respekts eskalieren und für eine täglich aufgeladene und bedrohliche Stimmung sorgen. Eine dauerhafte Bedrohung sorgt für chronischen Stress, der unser Immunsystem lahmlegt. Verletzungen und Erschöpfung befeuern ebenfalls diesen Überlebensmodus, sodass die negativen Stressfolgen schwerwiegend krank machen können. Sich aus einer toxischen Beziehung zu befreien, ist also mehr als eine Trennung oder ein Partnerwechsel, es kann unter Umständen lebensrettend, eine Wiedergeburt und einen Neuanfang darstellen.

In der Psychologie ist hinreichend bekannt, dass sich Menschen auch an schlechte Lebensumstände gewöhnen und permanente Kränkungen als normal akzeptieren. Deswegen ist es von hoher Bedeutsamkeit, auf die Signale des Körpers zu hören, der im Fall einer zwischenmenschlich vergifteten Bindung eindeutige Botschaften aussendet. Der Teufelskreislauf innerhalb toxischer Beziehungen liegt darin begründet, dass dem Betroffenen durch sein persönliches Leid immer klarer wird, dass eine Trennung unumgänglich ist, ein fortschreitender Verlust seines ohnehin geringen Selbstwertgefühls gleichzeitig zu Selbstzweifeln und Entscheidungslosigkeit führt. Es ist ein Gefühl, wie das Häschen in der Grube, ein Opfer der Umstände zu sein. Diese gefühlte Machtlosigkeit führt schlimmstenfalls in die Isolation und die verdrängten Bedürfnisse äußern sich als Ärger, Wut, Traurigkeit, Einsamkeit, Selbstmitleid, Verbitterung und Frustration. Wenn Zorn, Wut oder gar Hass im Körper verweilen, führt das auf jeden Fall zu einem sauren Milieu, und genau in diesem fühlen sich krank machende Keime pudelwohl und finden den idealen Nährboden. In einer traurigen Gefühlslage mit „gebrochenem Herzen“ kann es zu Beeinträchtigungen des Herz-Kreislauf-Systems kommen. Das generelle Gefühl von Ohnmacht zieht allerlei Erkrankungen nach sich, vor allem auch der Atmungsorgane.

Vielleicht befinden Sie sich in einer krank machenden Beziehung und sind sich dieser Tatsache zu einhundert Prozent bewusst. Haben das Gefühl, mit klarem Kopf zu entscheiden und die Situation unter Kontrolle zu haben. Bemühen sich, alles im Griff zu halten, und lassen emotionalen Schmerz gar nicht erst zu. Zumindest reden Sie sich das ein. Eine Beendigung dieser Verbindung kommt aus den unterschiedlichsten Gründen nicht infrage oder, präziser ausgedrückt, Sie sehen in einer Trennung nicht die Lösung. Die Gründe dafür sind meist unbewusster Natur und beruhen auf finanziellen Abhängigkeiten sowie Lücken im eigenen Selbstwertgefühl. Wenn Sie beispielsweise keine Chance für sich sehen, finanziell auf eigenen Beinen zu stehen, und aus Gründen eines guten Lebensstandards bereit sind, sich dem herrschenden Regiment zu unterwerfen, müssen Sie mit Herzensveränderungen rechnen. Es ist durchaus möglich, dass Sie sich weiterhin gut fühlen, zumindest solange Sie diesen Prozess auf der rein rationalen Ebene erleben. Es stellt sich jedoch die Frage: Wie lange kann ein Mensch seine eigene Natur verleugnen und seinen Werten untreu sein, ohne Schmerz zu empfinden oder krank zu werden? Wie gut kann dieser Mensch akzeptieren, dass er sich für Geld und Annehmlichkeiten verbiegt und kleinhält? Macht das wirklich glücklich? Oder ist es nicht vielmehr der Verkauf der eigenen Seele und ein Eingeständnis, es allein in diesem Leben nicht schaffen zu können?

Meiner Erfahrung nach finden Selbstbetrug und Selbstuntreue ihren Ausdruck früher oder später durch einen rebellierenden Körper. Es gilt also, sich damit zu beschäftigen, wie lebendig die eigene Beziehung ist, um dann die nötigen Entscheidungen zu treffen. Eine böse Angelegenheit hinter Schloss und Riegel zu bringen, ist keine Option und stellt keine Lösung dar. Sie bildet in schleichender Eigendynamik ein Potenzial, das dem Körper von innen heraus schadet.

Wie ich vorbeugen und heilen kann:

Selbstbewusstsein stärken, eigene Kräfte mobilisieren,
achtsamer Umgang mit sich selbst,
klare Entscheidungen treffen, Abgrenzung,
die Hilfe anderer Menschen annehmen, Vergangenheit loslassen,
Zuversicht

Nachdem Sie sich ohne Wenn und Aber darüber klar geworden sind, in einer toxischen Beziehung zu verharren, treffen Sie die nachdrückliche Entscheidung für ein Nein. Ein Nein zu dieser Verbindung mit allen Konsequenzen und ein deutliches Ja zu einem neuen Lebensabschnitt. Es geht um Ihre mentale Entschlossenheit, unabhängig davon, wie schwer dieser Schritt und die Folgen sein mögen. Durchdenken Sie die einzelnen Schritte, von der Stärkung Ihrer Persönlichkeit bis zum Verlassen der vermeintlichen Komfortzone, die eher einem Gefängnis gleicht.

Sie haben in den letzten Kapiteln schon einige Anregungen zur Stärkung des Selbstbewusstseins erhalten. Nun geht es darum, sich selbst durch Einbeziehung der neuen Erkenntnisse in einen energiereichen Zustand zu bringen und zu halten.

Was genau tut Ihnen gut? Seien Sie achtsam und registrieren Sie Ihre Bedürfnisse. Wenn Sie gern in der Natur sind, dann gehen Sie raus. Wenn eine bestimmte Musik Sie in Verzückung versetzt, dann hören Sie diese. Wenn Sie beim Muskelaufbautraining in Wonne geraten, dann stemmen Sie die Hanteln. Ein Treffen mit alten Schulfreunden, ein Urlaub in den Bergen, mit der Oma im Fotoalbum blättern, alte Hollywood-Streifen schauen, Bier und Bundesliga, die Komplimente der Arbeitskollegin, was auch immer, tun Sie es und genießen Sie es.

Wer genau tut Ihnen gut? Sortieren Sie Ihren Familien-, Freundes- und Bekanntenkreis nach Energieräubern und Energievampiren. Gerade in Phasen der Entscheidung und Trennung sind vitalisierende, hilfsbereite und Mut machende Menschen wichtig.

Hier eine Übung: Nehmen Sie ein großes Papier zur Hand und schreiben Sie Ihren Namen in die Mitte. Danach platzieren Sie die Menschen, die Ihnen nahestehen und einen Einfluss auf Ihr Wohlbefinden haben, um sich herum. Sie können Ihr gesamtes Umfeld (Mutter, Vater, Bruder, Schwester, beste Freundin, Freunde, Arbeitskollegen usw.) namentlich eintragen. Wer Ihnen besonders nahesteht, den schreiben Sie dicht neben Ihren Namen, weit entfernte Personen weiter unten, oben oder in die Ecke. Lassen Sie sich hierbei von Ihrer Intuition leiten. Bewerten Sie nun Ihr Wohlgefühl und Ihren Energiestatus nach einem Zusammensein oder einem Kontakt mit dieser Person, indem Sie ein Pluszeichen für positiv und ein Minuszeichen für negativ daneben setzen. Sie können auch mehrere Plus- oder Minuszeichen verwenden. Das Wesentliche hierbei ist, dass lediglich Personen mit eindeutigem Plus Sie in der herausfordernden Trennungsphase unterstützen können. Suchen Sie sich Ihre Gesellschaft und vertrauen Sie sich – da, wo es passt – einem Menschen an. Schreiben Sie die Namen auf ein Blatt Papier und ergänzen Sie Ihr „Wohlfühlblatt“ mit gesammelten Dingen, die Ihnen guttun.

Die Stärkung Ihrer Persönlichkeit sollte sowohl von innen als auch von außen erfolgen. Während Sie mentale Stärke entwickeln und den

Blick auf die Chancen richten, sollten Sie Ihren Körper mit guten Nahrungsmitteln (evtl. abhängig vom Stresszustand zusätzlich mit Vitalstoffen) hegen und pflegen, sich in richtiger Balance bewegen und entspannen. Die Herausforderung, eine toxische Beziehung zu verlassen, verlangt eine Bündelung der Stärken und Ressourcen. Bei stark destruktiven Verhaltensmustern und einer hochgradigen Belastung kann es sinnvoll sein, sein Netzwerk zu aktivieren, echte Freunde und Familie um Rat zu fragen und professionelle Hilfe in Anspruch zu nehmen. Das Gefühl der Zuversicht entsteht sowohl durch warmherzige Menschen an der Seite als auch durch eine positive Visualisierung der Zukunft. Alles, was stärkt und Halt gibt, ist in einer solchen Situation goldwert.

Entscheidung 8

Ich lasse die Verletzungen meiner Kindheit los!

Sei gütig,
denn alle Menschen, denen du begegnest,
kämpfen einen schweren Kampf.

Platon

Was mich wirklich krank macht:

Unversöhnlichkeit, Selbstgerechtigkeit,
Rache, Eifersucht, Neid, Schuldzuweisung,
fehlende Eigenverantwortlichkeit,
Hass, Groll, Selbstmitleid, Rivalität

Selbst die Menschen, die eine glückliche Kindheit verlebten und heute gefestigte Persönlichkeiten sind, können sich an Niederlagen und Verletzungen in der Kindheit erinnern. Die Bandbreite der Kränkungen ist groß und abhängig von der Nestwärme, die wir als Kinder erfahren durften. Es kann von einfachem Gemecker über Missachtungen und Beschimpfungen bis hin zu körperlicher und seelischer Gewalt reichen. Die wichtigsten Fragen lauten: Auf welche Art und Weise haben wir gelernt zu vertrauen? Wie verbunden und geborgen haben wir uns gefühlt? Wie stark sind unsere Bedürfnisse nach Sicherheit, Wärme, Entfaltung, Freiheit und Individualität befriedigt worden? Sollten wir in der Kindheit einen Vertrauensverlust erlitten, uns übergangen oder übersehen gefühlt, Beleidigungen und fehlende Wertschätzung erfahren haben, so haben wir bereits früh feste Glaubenssätze entwickelt, von denen wir heute noch überzeugt sind. Wir haben sie so verinnerlicht, dass wir gar nicht auf die Idee kommen, diese infrage zu stellen. Die Überzeugungen, die sich im Kindesalter formieren, sind unbewusste Programme, die Einfluss auf unser gesamtes Leben nehmen und unsere Beziehungen erheblich stören können. So entsteht das Gefühl, gar nicht richtig auf die Beine zu kommen oder immer wieder auf die Schnauze zu fliegen. Die Schuld an dieser Misere wird uneingeschränkt den Eltern bzw. unseren Bezugspersonen in die Schuhe geschoben, ungeachtet der Situation, dass hier die Gegenwart durch die Brille der Vergangenheit betrachtet wird. Die Opferposition ermöglicht das Abschütteln jeglicher Selbstverantwortung, die wir natürlich als Kinder noch nicht übernehmen konnten. In unserer heutigen Situation als Erwachsene hingegen ist uns eigenverantwortliches Denken und Handeln möglich. Wir können aktiv unser Leben selbst in die Hand nehmen und auf diese Weise unser Wohlbefinden stärken.

Indem wir gedanklich in der Vergangenheit stecken bleiben, immer wieder die gleichen schlimmen Erinnerungen hochspülen, uns beklagen, selbst bemitleiden, Vorwürfe machen und anderen von unseren miesen Erfahrungen erzählen, halten wir uns selbst emotional in der Vergangenheit gefangen. Diese Gefangenschaft und Unversöhnlichkeit bewirken auf körperlicher Ebene entweder ein Feuer im Inneren, das uns verbrennt, oder eine Kälte, die uns erfrieren und erstarren lässt. Wie bereits im ersten Kapitel angesprochen wird Ihnen jetzt noch klarer werden, warum es bei verstörenden Kindheitserlebnissen weniger um Vergebung gehen sollte als mehr um ein aufrichtiges Loslassen. Wenn wir etwas nicht loslassen können, wird es schwer auf uns lasten. Etwas freizugeben, heißt hingegen, in die Leichtigkeit zu kommen. Wenn wir den Schmerz unserer Kindheit weiterhin unversöhnlich mit uns herumtragen, rebelliert unser Körper und richtet sich gegen uns. Wut, Hass und Groll sind das Gift in unserem Körper, das entzündliche Prozesse in Gang setzt. Selbstmitleid, Resignation und das Gefühl, dem Leben ausgeliefert zu sein, schwächen das Immunsystem und führen in die Depression.

Warum das eine gute Entscheidung ist:

Wenn wir ein Problem haben, dessen Ursprung in der Kindheit liegt und das durch das Verhalten der Eltern oder eines Elternteils entstanden ist, begleitet uns entweder ein Gefühl der Leere oder der Haltlosigkeit. Bei der Entwicklung unserer Persönlichkeit haben wir dann meist keine zuverlässigen Leitlinien erhalten und bleiben in unserem Vertrauen und Glauben unbestätigt. Es kann sein, dass wir uns hinter einer Schutzmauer verkriechen und leidvoll feststellen müssen, dass das Leben und die Welt nichts mit dem zu tun haben, was wir uns ursprünglich vorgestellt haben. Was wird aus uns? Zu welcher Art Mensch entwickeln wir uns?

Der Psychotherapeut und Zen-Lehrer Karlfried Graf Dürckheim liefert hierzu zwei wertvolle Denkansätze: Zum einen besteht die Möglichkeit, dass ein Mensch sich schon früh gefangen und verloren fühlt. Er gestaltet dann in seiner Schale sein – von außen unberührtes – Ego. Er will versuchen, in der Welt perfekt zu erscheinen, und verlässt sich später auf seinen Besitz, sein Wissen und seine Fähigkeiten. Schon als Kind mauert er sich im eigenen Nest ein, um eine selbst erschaffene Form von Sicherheit zu spüren. Kritik und Angriffe der Außenwelt ängstigen ihn. Er kreist in seiner Welt hauptsächlich um sich selbst und erlebt später in der Partnerschaft häufig den Vorwurf, ein Egoist oder Egozentriker zu sein. Sein Verlust an Empathie und seine Unfähigkeit, zu lieben, lassen ihn immer weiter verhärten, sodass Verschlossenheit und Einsamkeit die Folgen sind. Letzten Endes bleibt er das kleine Kind ohne die Möglichkeit, zu reifen und erwachsen zu werden. Er kann sich einem Partner nicht hingeben, bleibt misstrauisch und entwickelt selten ein gesundes Vertrauen in sich selbst. Ab und zu, wenn die Gefühle in ihm Achterbahn fahren, versucht er, diese starke Schutzmauer wegzusprengen, und explodiert förmlich in seinem Inneren. Das kann zu Kurzschlussreaktionen führen, dramatischen Auftritten, Unfällen und haltlosem Suchtverhalten.

Die andere, jedoch ebenso tragische Entwicklung ist, dass ein Kind in der täglichen Auseinandersetzung mit seiner Mutter oder seinem Vater niemals eine Gelegenheit hatte, eine schützende Hülle zu erschaffen. Während in dem zuerst geschilderten Fall die Mauer zu hoch und bombensicher gezogen wurde, ist in diesem Beispiel nur ein unzureichender Schutzmantel vorhanden. Es gibt kein Mauerwerk, keine natürlichen Grenzen, alles liegt frei und die natürliche Entwicklung einer eigenen Haltung bleibt auf der Strecke. Durch das Fehlen einer klaren Struktur entstehen Wankelmut und Sprunghaftigkeit. Ein Kind, das ohne schutzgebende Ummantelung seinen Weg ins Erwachsensein antritt, wird immer wieder um Anpassung und Unterordnung bemüht sein. Es tritt der Welt zwar offen gegenüber, doch kein Eindruck kann sich tatsächlich festigen. Es fehlt an Form, Kontur, dem eigenen Rahmen. Da negative Erfahrungen nicht ausbleiben, wird auch dieser Mensch sich ängstlich zurückziehen. Vielleicht gibt er Überzeugungen und Verhaltensweisen als die eigenen aus, die in Wirklichkeit nur übernommen sind und nicht zu seinem wahren Wesen gehören. Später in der Partnerschaft wird es ihm nur schwerlich gelingen, sich abzugrenzen und Nein zu sagen. Er wird vermehrt versuchen, zu gefallen, und sich dabei in seinem Wesenskern unverstanden fühlen. Die selbst geschaffene Konsequenz ist ein stilles Leiden, das seinen Höhepunkt in einer innerlichen und äußerlichen Verspannung finden kann, die durch unterdrückte Wut und Aggression genährt wird. Durch seine fehlende Schutzhülle fühlt dieser Mensch sich dem zufälligen Glück und Schmerz dieser Welt ausgeliefert. Seine Traurigkeit ist ihm häufig ins Gesicht geschrieben.

Dürckheim schreibt dazu: „Das Kind erwartet natürlicherweise unbewusst, dass die Welt seinen Ureinstellungen entspricht. Und wo die Schlüsselfiguren seiner Kindheit es nicht enttäuschten, wächst das Ich ohne Bruch zum rechten Ich-Stand heran. Es glückt die Ichwerdung, weil der Mensch sein Ichgebäude nicht losgelöst von den Seinswurzeln, sondern in der bleibenden Fühlung mit dem ursprünglichen Seinsgrund gewinnt."

Der junge Mensch entwickelt daraufhin eine Widerstandskraft, die es ihm ermöglicht, selbst mit größeren Schwierigkeiten und Scheitern umzugehen. Diese natürliche Selbstsicherheit und der Glaube an Sinn und Ordnung lassen ein Kind später im Erwachsenenleben souverän mit Lebensentscheidungen umgehen. Der erwachsene und gereifte Mensch wird in der Lage sein, aufrichtige Kontakte zu knüpfen und liebevolle Beziehungen zu führen. „Wo aber in der Kindheit die ursprünglichen Gefühle des Vertrauens, des Glaubens und der Geborgenheit durch Versagen der Schlüsselfiguren enttäuscht werden, wird das Kind auf sich selbst zurückgeworfen. Und das bedeutet: Die Verbindung zum Seinsgrund ist fortan verstellt", so Dürckheim.

Dem Kind mangelt es quasi an Verankerung, und die Urverbindung zu seinem Sein ist verloren gegangen. Daraus entsteht, wie eingangs beschrieben, eine Persönlichkeit, die lediglich über eine Art Pseudo-Selbstbewusstsein verfügt und ihr Ego pflegt. Dieses unechte Selbstbewusstsein nährt sich ausschließlich durch die Außenwelt und besitzt keine Tiefe. Ein Mensch, der mehr im Schein als im Sein ist, steht auf wackeligen Beinen. Die Unebenheiten und Stürme des Lebens können dieses Pseudogerüst sowohl bei dem Panzerträger als auch bei dem Schutzlosen zum Einsturz bringen. So bleiben sie den Gefahren, dem Leiden und der Ungerechtigkeit im Leben ausgeliefert.

In Gesprächen mit Klienten erlebe ich im Wesentlichen die eine oder andere Variante einer verunglückten Persönlichkeitsentwicklung. Beispielhafte Aussagen hierfür sind: „Meine Mutter hat mich niemals gedrückt und liebkost." – „Meine Mutter war egoistisch. Sie hat mich als Ventil für ihre unglückliche Ehe gesehen." – „Mein Vater hat gesagt, ich wäre das Blödeste, was hier im Westen herumläuft." – „Mein Vater hat getrunken und war durch uns Kinder genervt." – „Mein Vater hat mich nie geliebt, er hat mich noch nicht einmal angesehen." – „Meine Mutter hat gesagt, ich sei wie mein Vater, ich würde auch nichts taugen." – „Wenn meine Mutter stirbt, dann werde ich keine einzige Träne vergießen." – „Mein Vater hat mich nachts geweckt und verprügelt." – „Meine Mutter hat gesagt, alle Kerle seien schlecht." – „Mein Vater hat gesagt, alle Frauen seien Nutten."

Daraus haben sich dann verschiedenste Glaubenssätze entwickelt: „Ich kann es nicht ertragen, wenn jemand mir zu nahekommt." – „Ich bin eifersüchtig und fühle mich minderwertig, wenn mein Partner eine andere ansieht." – „Ich kann mich nicht fallen lassen, muss die Kontrolle behalten." – „Frauen sind sowieso nur hinter dem Geld her." – „Männer betrügen und können nicht treu sein." – „Ich fühle mich ungeliebt, wenn mein Partner mir nicht mindestens einmal am Tag seine Liebe zeigt." – „Ich kann nicht vertrauen." – „Ich kann nicht lieben." – „Ich sehe überall eine Bedrohung und Menschen, die hinter meinem Rücken gegen mich arbeiten."

Wir haben in unserer Kindheit viele Worte ungefiltert gehört, Behauptungen als einzige Wahrheit übernommen. Wir haben vielleicht schreckliche Dinge gesehen, gehört, gespürt und erfahren, deren Erinnerung uns heute immer noch nicht loslässt. Wir haben die Geschehnisse instinktiv interpretiert. Es haben sich Glaubenssätze und feste Überzeugungen entwickelt, die völlig ungeprüft unser heutiges Leben und unsere Beziehungen beeinflussen. Doch die Vergangenheit lässt sich definitiv nicht mehr verändern, und wenn ich vermeiden möchte, dass meine Vergangenheit zu meiner Zukunft wird, muss ich einen klaren Schlussstrich ziehen.

In den vorangegangenen Kapiteln haben Sie erfahren, wie Sie Ihre alten Glaubenssätze auflösen und es schaffen, den Fokus auf Ihre Stärken und Werte sowie auf positive Ereignisse zu legen. Und genau das sollte Ihr erster Schritt sein. Legen Sie ein gedankliches Netz positiver Erinnerungen und Zukunftsvorstellungen über Ihre schlechten Kindheitserlebnisse. Denken Sie vorrangig schöne und gesunde Gedanken und weniger negative und krank machende. In der Fachsprache nennt sich dieser anerkannte Lernprozess Extinktion. Sie können Ihre Vergangenheit und die Gedanken daran nicht gänzlich ausradieren. Sie können mit dieser Technik aber dafür sorgen, dass sie kein Teil Ihres gegenwärtigen und zukünftigen Lebens sind und werden.

Krankheit entsteht immer dann, wenn sich eine Blockade und ein Widerstand aufbauen. Es ist der Punkt, an dem das Leben festgefahren scheint. Ein Gefühl, als würde Klebstoff an uns haften und wir uns nicht davon befreien können. Wir halten wie manisch an vergangenen Erlebnissen und unserem Urteil darüber fest. Wir sind Sklaven unserer vernichtenden Gefühle, die wir am liebsten mit entsprechender Wirkkraft den vermeintlichen Übeltätern ins Gesicht schleudern wollen. Emotionales Gift und stille Aggressionen, die in uns köcheln und Schaden anrichten.

Doch all das ist bereits passiert und wir können die Geschehnisse nicht verändern. Die Uhr lässt sich nicht mehr zurückdrehen. Wir hätten es auch nicht besser oder anders machen können, schließlich waren wir Kinder. Wir waren abhängig von dem Wohlwollen, der Liebe und dem Schutz unserer Eltern. Wir müssen das Ergebnis, unsere nicht wandelbare, bittere und traurige Geschichte schlussendlich akzeptieren: Es ist, wie es ist! Auflehnung und Abwehr lassen uns in einer Haltung des Kampfes verharren. Ein Kampf, der uns selbst in die Knie zwingt und den wir nur verlieren können. Die sensible Psyche verliert die Balance und der Körper antwortet mit Unwohlsein und den unterschiedlichsten Symptomen.

Den Eltern ihre Worte und Taten nicht länger vorzuhalten und innerlich damit seinen Frieden zu schließen, heißt, sich mit ihnen auszusöhnen. Das bedeutet nicht automatisch zu verzeihen, die Taten zu entschuldigen und sie womöglich klein- und nichtig zu reden. Es ist auch in Ordnung, den Kontakt zu den Eltern zu reduzieren, gänzlich abzubrechen oder nie wieder aufleben zu lassen. In erster Linie geht es darum, das Geschehnis und den damit verbundenen Schmerz anzuerkennen und ihn anschließend loszulassen. Sehen Sie sich selbst als kleines Mädchen, als kleinen Jungen und vergeben Sie sich selbst Ihre Eigenarten und gegenwärtigen Schwächen, die Sie aufgrund der Vergangenheit entwickelt haben. Bezüglich der Eltern in der Täterrolle können Einfühlungsvermögen und Verständnis helfen, um deren Handlungen nachvollziehbarer werden zu lassen. Ein Vergessen ist allerdings nicht möglich und in diesem Gesundungsprozess auch nicht erwünscht. Erfolg stellt sich ein, wenn Sie es schaffen, Gefühle von Selbstgerechtigkeit und Genugtuung über Bord zu werfen und mutig aus der Opferrolle herauszutreten.

Wie ich vorbeugen und heilen kann:

Großherzigkeit, Güte, Abschied,
Arbeit mit dem inneren Kind, Fokus auf das Hier und Jetzt,
Akzeptanz, innerer Frieden, Erwartungen sein lassen,
das Bedürfnis, recht zu haben, aufgeben

1. **Identifizieren Sie Konfliktsituationen, Glaubenssätze und Schutzstrategien aus Ihrer Kindheit!**
   Um den Schatten der Vergangenheit loszuwerden und eine aufrichtige Aussöhnung mit den Eltern oder einem Elternteil zu erreichen, ist es ratsam, wie im Kapitel über Schuldgefühle (Entscheidung 2: „Ich vertreibe die Dämonen in mir“!) beschrieben, sich die auslösenden Situationen aus der Kindheit bewusst zu machen. Untersuchen Sie Ihr heutiges Verhalten und die damit verbundenen Gefühle und finden Sie heraus, welches Ereignis in der Kindheit den Anstoß für Ihre heutigen Denk- und Gefühlsmuster liefert. Aus den verborgenen Überzeugungen Ihrer Vergangenheit haben Sie eine Schutzstrategie für die Gegenwart entworfen. Ihre Schutzmauer kann sich durch Perfektionsdrang, Kontrollsucht, Rückzug, ausnahmslose Anpassung, fehlende Selbstbehauptung, Unterordnung, Macht, Angriff oder auch Suchtverhalten zeigen, auf jeden Fall bemerken Sie besonders in Ihren Beziehungen die belastenden Auswirkungen der in der Kindheit erworbenen Muster.

2. **Nehmen Sie Kontakt mit Ihrem inneren Kind auf. Halten, trösten und stärken Sie es!**
   Setzen Sie sich gemütlich hin und schließen Sie die Augen. Lassen Sie keine Ablenkung von außen zu und versuchen Sie, durch gleichmäßiges Ein- und Ausatmen in einen entspannten Zustand zu kommen. Steigen Sie gedanklich in eine Konfliktsituation von damals

ein. Schauen Sie mit Ihrem heutigen Wissen und Ihrer heutigen Erfahrung auf sich selbst als kleines Mädchen oder als kleiner Junge. Sie sehen sich jetzt vielleicht traurig oder wütend, weinend oder tobend, auf jeden Fall verletzt und allein. Blicken Sie in Ihre Kinderaugen, mit viel Liebe im Herzen und einem Lächeln im Gesicht. Sie können auch mit Ihrem kindlichen Ich sprechen, auf eine anerkennende und verständnisvolle Art und Weise. Schließlich haben Sie es mit einem kleinen Kind zu tun, das es nicht besser weiß und noch nicht die hundertprozentige Verantwortung für sein Handeln und Fühlen übernehmen kann. Sprechen Sie ruhig und besonnen mit ihm, trösten Sie es und schließen Sie es fest und liebevoll in Ihre Arme. Übertragen Sie so dem kleinen Menschen, der Sie einmal waren, ein starkes und gutes Gefühl und vergegenwärtigen Sie sich das Wissen, dass alles gut ist, wie es ist. Ihr inneres Kind soll eindeutig spüren, dass Sie ihm keine Vorwürfe machen oder ihm Ablehnung entgegenbringen. Es soll in seiner ganzen Bewusstheit erfahren, dass Sie es lieben und genauso akzeptieren, wie es ist.

3. **Machen Sie sich die Kindheit Ihrer Eltern bewusst und entwickeln Sie Güte!**
Mit der gleichen Güte und Aussöhnungsbereitschaft werfen Sie nun einen Blick auf das Verhalten Ihrer Eltern oder auf die Person, die Ihnen aus Ihrer Erinnerung heraus seelische oder körperliche Schmerzen zugefügt hat. Die Taten werden dabei weder verschleiert noch schöngefärbt oder unter den Teppich gekehrt. Das Verhalten der „Täter" wird weder entschuldigt noch toleriert oder gar vergessen. Was Sie tun können, ist, zum einen den positiven Effekt an der ganzen Sache herauszufiltern und zum anderen auf Ihre Eltern als Kinder zu blicken. Nehmen wir einmal an, Ihr Vater hätte Sie als Kind beleidigt und immer wieder gesagt, Sie würden nichts taugen, seien dumm und bekämen kein Bein vor das andere. Die Folge könnte sein, dass Sie aufgrund dieser Beleidigungen und Demütigungen ein ehrgeiziger, disziplinierter und erfolgreicher Mensch

geworden sind. Es ist eine gewinnbringende Begleiterscheinung, dass Sie ausdauernd und willensstark Ihre Ziele verfolgen. Selbst dann, wenn ein unbewusster Antreiber Sie anspornt, Ihrem Vater Beweise Ihrer Fähigkeiten liefern zu müssen. Das wäre ein positiver Nebeneffekt einer im Ursprung negativen Erfahrung. Wenn Sie darüber hinaus an Ihren Vater, als dieser selbst ein Kind war, denken und ein Foto zur Hand nehmen, das ihn als kleinen Jungen zeigt, gelingt Ihnen vielleicht eine Herzöffnung und Aussöhnung noch besser. Auch er war zu irgendeinem Zeitpunkt einmal ein nach Liebe und Anerkennung suchender, unschuldiger Junge, der durch seine subjektive Lebenserfahrung und die Misshandlungen der eigenen Eltern zu dem Erwachsenen geworden ist, der ihn heute ausmacht.

4. **Schreiben Sie einen offenen Brief an den Verursacher und lassen Sie das Vergangene los!**
Eine psychologisch wirkungsvolle Methode ist auch das Schreiben eines Briefes. Es geht nicht darum, diesen tatsächlich abzusenden, sondern das Schreiben als solches soll vielmehr eine Entsorgung des seelischen Ballastes herbeiführen. Im Coaching erlebe ich öfter Menschen, die das drängende Bedürfnis verspüren, mit ihren Eltern ins Gespräch zu kommen. Sie wünschen sich Anerkennung und Wiedergutmachung, eine tiefe Reue und eine aufrichtige Entschuldigung. Doch meistens verhalten sich ihre Eltern genauso, wie sie es immer schon getan haben: Sie verleugnen die Geschehnisse und deren Auswirkungen und haben eine gänzlich andere Wahrnehmung der Situation. Diese Reaktion löst bei dem betroffenen, nunmehr erwachsenen Kind erneut einen Stich im Herzen aus. Aus diesem Grund sind offene Gespräche häufig nicht zielführend und können einen bestehenden Konflikt sogar verschlimmern. Um dennoch als Betroffener die abgespeicherten verheerenden Gefühle loszuwerden, können Sie eine Form von Schreibtherapie mit gelingender Selbstberuhigung probieren. Finden Sie Ihren Frieden, indem Sie sich alles von der Seele schreiben. Schreiben Sie über jede Verlet-

zung, die Sie erfahren haben, indem Sie diese aus Ihrer Erinnerung schildern und offen darlegen, welche Ängste, Traurigkeit, Wut, Minderwertigkeit, Frustration und Misstrauen daraus entstanden sind und Ihnen heute noch das Leben schwermachen. Wenn Sie beispielsweise eine Mutter hatten, die sehr mit ihrem eigenen Gefühlsleben beschäftigt war, egozentrisch, dramatisch und dem Alkohol zugewandt, dann beschreiben Sie konkrete Situationen. Erzählen Sie von unkontrollierten und impulsiven Gefühlsausbrüchen. Berichten Sie von Ihren Ängsten vor dieser Unberechenbarkeit und dem Gefühl, ausgeliefert und schutzlos zu sein. Erwähnen Sie Ihr noch heute empfundenes Misstrauen anderen Menschen gegenüber und die mühevolle tägliche Arbeit an Ihrer Liebesbeziehung, die Sie immer wieder auf eine harte Probe stellt. Lassen Sie nichts aus oder weg und nutzen Sie die Worte, die Ihnen spontan in den Sinn kommen, ohne darüber nachzudenken, ob diese angemessen oder anständig sind. Abhängig von Ihrer Situation können Sie entscheiden, ob Sie diesen Brief weitergeben. Sie können ihn auch aufheben, wegschließen und vergessen. Oder Sie vernichten den Brief und zelebrieren ein Ritual des Loslassens. Zerreißen oder verbrennen Sie ihn und lassen Sie die alten Gefühle endgültig ziehen.

Entscheidung 9

Ich lebe mit allen Sinnen!

Das Glück ist ein Schmetterling.
Jag ihm nach und er entwischt dir,
setz dich hin und er lässt sich
auf deiner Schulter nieder.

Anthony de Mello, spiritueller Lehrer

Was mich wirklich krank macht:

Hektik, Zeitdruck, Ungeduld, Multitasking,
Ignoranz, Flüchtigkeit, Hetze, Gleichgültigkeit, Erschöpfung,
Verlust der Genussfähigkeit, Verlust der Sinnlichkeit

Wir leben heute in einer Zeit, die, vor allem durch die digitalen Medien bedingt, ein rasantes Tempo an den Tag legt. Viele Menschen schaffen es nicht mehr, zur Ruhe zu kommen und ihren hyperaktiven Denkapparat abzuschalten. Sie hetzen durch ihren Alltag und beherbergen unter einer nach außen hin glatt gebügelten Oberfläche jede Menge düsterer Gedanken und stressbedingter Ängste. Am Ende des Tages stellen sie erschöpft fest, dass sie nicht richtig gelebt, nur funktioniert und wie in einem Hamsterrad die immer gleichen Runden gedreht haben. Sie stumpfen ab und können sich selbst nicht mehr richtig spüren – geschweige denn, einen anderen Menschen, das eigene Kind oder den Partner. Erschreckend ist, dass selbst bei einem weniger herausfordernden Alltag der gefühlte und häufig selbstgemachte Druck so massiv sein kann, dass einem kalten und konsumreichen Leben der Vorrang gegeben wird, auch auf die Gefahr hin, zum Zombie zu mutieren. Ganz nach dem Motto, was ich nicht wahrnehme, muss ich nicht verändern, und was ich nicht fühle, kann mir nicht schaden. Im Inneren entsteht dadurch ein schwarzes Loch, eine Leere, die verhindert, aus vollem Herzen das Leben zu genießen und wahre Lebensfreude zu entwickeln. Selbst wenn der Mensch ausschließlich in seinem selbst erschaffenen Optimierungsbereich wandelt und sein sensibles Wahrnehmungsvermögen weitgehend einstellt, brodeln unter seiner Schale in den Tiefen seines Selbst große Zweifel und Ängste. Besonders die Verlustängste, die Angst vor dem Tod und die Angst vor dem Alleinsein sind die anhaftenden Begleiter der Menschen, die mehr im Haben und weniger im Sein sind.

„Achtsamkeit ist von Augenblick zu Augenblick gegenwärtiges, nicht urteilendes Gewahrsein, kultiviert dadurch, dass wir aufmerksam sind. Achtsamkeit entspringt dem Leben ganz natürlich." So sagt es Jon Kabat-Zinn, der wohl weltweit bekannteste Meditationslehrer und Gründer der Stressreduktionsklinik in Massachuchsetts. Er entwickelte einen systematischen Ansatz (MBSR – Mindfullness-Based Stress Reduction), um die Achtsamkeitspraxis sowohl im medizinischen als auch im alltäglichen Sinn zum Teil des eigenen Lebens werden zu lassen und regelmäßig zu pflegen. Achtsamkeit und wertfreie Beobachtung sowie das Wahrnehmen mit allen Sinnen sind die Wunderwaffen gegen Gefühllosigkeit und Überforderung. Menschen, die sich dem kollektiven Zwang nach Ablenkung im Außen unterwerfen und Oberflächenphänomenen hingeben, lassen sich geradewegs in eine Stressschleife fallen. Sie bemerken oft viel zu spät und manchmal erst durch einen Warnschuss vor den Bug, wie krank sie diese Entwicklung macht. Sorgen und Grübeleien, Hektik und Termindruck schlagen auf den Magen und das Nervensystem. Müdigkeit, Kopfschmerzen, Hitzewallungen, hoher Blutdruck, Augendruck, Panikattacken, Atemnot, Schweißausbrüche, Kreislaufprobleme und chronische Schmerzen können die Folge sein.

Warum das eine gute Entscheidung ist:

In der chinesischen Kultur und Medizin sind das Element Feuer und seine Auswirkungen auf den Körper sowohl positiv als auch negativ besetzt. Eine wohldosierte Form der Feuerenergie ist eine angenehme Art der Aufregung, die Lebensfreude und gute Gesundheit verspricht. Sollte der Mensch allerdings permanent diesem Wohlgefühl von Erregung hinterherhetzen und ständig von einer Sensation zur nächsten springen, immer auf der Suche nach einem Adrenalinkick, kann der zunächst positive Effekt erbarmungslos ins Negative umschlagen. Statt Lebensfreude und guter Gesundheit bleiben Übererregung und Erschöpfung. Sie erkennen Ihre eigene Befindlichkeit leicht daran, ob Sie es gut schaffen, auch einfach einmal nichts zu tun und sich auszuruhen.

Ob Sie es verstehen, mit sich allein zurechtzukommen, glücklich zu sein und die Seele baumeln zu lassen. Wenn Sie nicht gut mit sich sein können, Langeweile Ihnen den letzten Nerv raubt und Ihre Gedanken krampfhaft darum kreisen, wie Sie sich Ablenkung von außen beschaffen können, wird es Zeit für mehr Achtsamkeit. Wenn Sie obendrauf noch einen Job haben, bei dem Sie von A nach B hetzen, strenge Abgabetermine einhalten müssen, wenig Wertschätzung erfahren und die meiste Zeit fremdbestimmt sind, wird es Zeit für einen deutlichen Cut. Die Wahrscheinlichkeit, dass Ihnen Ihre Aufmerksamkeit und Ihre Sinnlichkeit abhandengekommen sind, ist dann sehr groß. Die automatischen Folgen sind: ständiges Denken und Grübeln. Sie können Augenblicke weniger genießen, sich nicht mehr richtig freuen. Erinnern Sie sich noch daran, wie es war, ein Kind zu sein? Wie es war, mit staunenden Augen die Welt zu erkunden, sich vor Lachen in die Hose zu machen, dieses aufregende Kribbeln zu spüren, auf der Straße zu hüpfen, im Sand zu buddeln, das Eis zu schlecken und der Gute-Nacht-Geschichte zu lauschen? Wie es war, sich mit allen fünf Sinnen in einen Superhelden oder eine Prinzessin zu verwandeln, völlig ohne Zweifel daran, nicht wirklich dieser Held oder diese Heldin zu sein? Einfach absichtslos im gegenwärtigen Moment zu verweilen und das Gefühl der Glückseligkeit zu empfinden? In der Tat können wir die Achtsamkeit im Alltag wunderbar von den Kindern lernen. Gesunde Kinder gehen aufmerksam durchs Leben und schauen sich alles genau an. Sie bemerken sofort den Regenwurm auf der Straße, entdecken den alten Schirm im Gebüsch und hören die Glocke des Eiswagens. Sie können stundenlang Sand durch ihre Finger rieseln lassen und mit dem flüssigen Wachs der Kerze spielen. Sie fassen alles an, beschnuppern und erforschen es von allen Seiten. Und während sie all das tun, vergessen sie Raum und Zeit. In diesen Momenten gibt es keinen Stress und keinen Druck. Instinktiv machen sie alles richtig und sind achtsam im Moment. Viele Erwachsene hingegen bemühen sich, in der geplanten Meditationspraxis eine ungefähre Ahnung von dem Gewahrsein ohne Zeit und Raum zu erhalten.

Das Leben mit seinen zahlreichen Möglichkeiten und Ablenkungen trägt zu dieser Unausgeglichenheit bei, denn mittlerweile fühlen sich viele Menschen davon regelrecht erschlagen. Sie haben ständig die Qual der Wahl und die Folge ist, dass sich immer weniger Menschen entscheiden können. Dahinter steckt vor allem die Angst, eine falsche Entscheidung zu treffen. Und warum überhaupt entscheiden, wenn man vielleicht alles haben kann? Während vor fünfzig bis hundert Jahren die Rollen klar festgelegt waren, indem beispielsweise nur eine Handvoll Berufe infrage kam, die Partnerwahl ebenfalls auf gesellschaftlich akzeptierten Kandidaten beruhte und die Reiselust lediglich bis in die nächstgrößere Stadt reichte, ist heute (normalerweise) alles möglich: Tausende von Studienfächern und neuen Berufszweigen, Familie mit Kind, Single-Haushalt oder bunt gemischte Konstellationen, ständig online und auf allen Kontinenten zu Hause. Die Angst, etwas zu verpassen oder sich verbindlich auf Dinge festlegen zu müssen, stresst die Menschen. Die alltägliche Reizüberflutung tut ihr Übriges, Stöpsel in den Ohren, Augen auf das Smartphone gerichtet, Beschallung in der U-Bahn und überall Bildschirme. Die Menschen wirken isoliert, jeder für sich mit Scheuklappen in der eigenen Welt versunken. Da ist es geradezu verständlich und nachvollziehbar, dass ein offener Blick und eine dem Leben aufgeschlossene Haltung auf der Strecke bleiben. Die Veränderungen auf den Straßen, im Stadtbild, in den Büros und in unserer Gesellschaft machen es uns schwer, ein achtsames und feinfühliges Leben zu führen. Damit eine gesunde Sinnlichkeit uns nicht völlig abhandenkommt, ist es wichtig, aus diesem Karussell der Unübersichtlichkeit und der Verneblung auszusteigen. Schauen Sie sich also konkret Ihre persönliche Situation an und entscheiden Sie bewusst, an welchen Stellen Sie eine Veränderung vornehmen sollten. Manchmal ist es notwendig, die Lebensumstände zu ändern, das heißt, den Job, die Partnerschaft und den Wohnort unter die Lupe zu nehmen, abhängig davon, was Ihr persönlicher Grund für Missempfindungen und zunehmende Empfindungslosigkeit ist. Das kann mit einer Kündigung, einer Trennung oder einem Umzug verbunden sein. Es kann aber auch ausreichen, innerhalb der individuellen Lebenskonstellation kleine Veränderungen vorzunehmen und mit einem neuen Gefühl der Akzeptanz an die Sache heranzugehen. Wenn Sie beispielsweise einen beschwerlichen Weg zu Ihrem Arbeitsplatz haben und sich jeden Tag über den Stau ärgern, können Sie zum einen darüber nachdenken, die Bahn zu wählen, und zum anderen kreative Lösungen entwickeln, wie sich das notgedrungene Verweilen im Stau verschönern ließe. Auf jeden Fall sollten Sie es vermeiden, am Abend auch noch in der Supermarktschlange anzustehen oder einen Restaurantbesuch zu planen, bei dem die Parkplatzsuche Sie wieder nervlich vollkommen aus dem Häuschen bringt.

Aufmerksam sein, achtsam sein, im Moment sein, das alles funktioniert nur in einem Umfeld, das Ihnen die entsprechenden Voraussetzungen bietet. Insbesondere in der Umstellung und in der Übungsphase sollten Sie auf eine ruhige Umgebung und eine warme Atmosphäre setzen. Nur so gelingt es Ihnen, all Ihre Sinne einzuschalten und das Leben auf einer Ebene zu fühlen, die Intuition und Herzensbewusstsein ermöglicht. Achtsamkeit im Alltag ist also Ursache und Folge zugleich, wenn es um ein Leben voller Energie und Frieden geht. Selbst geführte Meditationen, Yogastunden oder Sporteinheiten an der frischen Luft, die zunächst vielversprechend und gesund klingen, können in Wirklichkeit Stress verursachen, wenn Sie in Zeitnot oder in Freudlosigkeit praktiziert werden. Wenn sich Ihr Körper bereits in einem Stresszustand befindet und folglich auch in einer ungesunden Anspannung, wird er bei jedem weiteren Beschäftigungsprogramm rebellieren und sich zunehmend verkrampfen. Das höchste Gut in solchen Augenblicken ist schlicht und ergreifend: absolute Ruhe. Kein Lärm. Keine Ablenkung. Stille. Mit sich selbst sein. Bleiben Sie daher einfach zu Hause oder machen Sie einen ruhigen Spaziergang in der Natur.

Es ist schon irgendwie widersinnig, in welche täglich sich wiederholenden Stresssituationen sich Menschen freiwillig begeben und ihre Gesundheit dabei aufs Spiel setzen, um dann anschließend noch einen

Parkplatz vor einem überfüllten Sportstudio zu ergattern, in dem sie dann mit anderen abgehetzten Teilnehmern die innere Anspannung wegdenken und wegschwitzen wollen.

Ob Sie bereits dauerhaft mit Kortisol beschossen werden und Ihr Immunsystem in Alarmbereitschaft versetzt ist, können Sie gut an Ihrem Gesicht ablesen: Typische Stresszeichen sind beispielsweise trockene und gerötete Augen, Schwellungen im Bereich der Augen, dunkle Verfärbungen im Augeninnenwinkel oder an den Augenrändern, ein rosafarbenes Augeninnenlid, Augenzittern, Steilfalten zwischen den Augen, nervöse Zuckungen, eingerissene Mundwinkel, eingefallene Wangen, vertikale Falten im unteren Wangenbereich, Herpes und plötzliche Hautunreinheiten, ein blasses und müde wirkendes Gesicht. Das alles kann, muss sich aber nicht zeigen. Ein ganz markantes Zeichen ist das Verschwinden der Leuchtkraft in den Augen. Wenn Menschen sich wohlfühlen, eine Verbindung zu sich selbst und anderen spüren, die Dinge mit Liebe tun, die sie nun mal tun, haben sie diese besondere Ausstrahlung. Es ist ein Funkeln in den Augen und ein Schimmern der Haut. Überprüfen Sie einmal Ihren Augenausdruck. Haben Sie ab und zu ein Leuchten in den Augen oder empfinden Sie zunehmend eine Verdunklung, einen trüben und matten Blick?

Wenn das Strahlen schwindet und die Freude im Leben abhandenkommt, können Erkrankungen wie Diabetes, Arthritis und Darmentzündungen die Folge sein. Bei einem Immunsystem, das aus der Spur gerät, sorgen Immunzellen für kleine Entzündungen, wodurch die Wände der Arterien beschädigt werden und der Blutfluss ins Stocken gerät. Das kann verschiedene funktionelle Störungen nach sich ziehen, und wenn die Gefäße verstopfen, können schlimmstenfalls sogar Herzinfarkt, Schlaganfall und Lungenembolie die traurigen Resultate sein.

Wie ich vorbeugen und heilen kann:

Ruhe, Natur, Achtsamkeit, Genuss, Sinnlichkeit, Einsicht, Klarheit, Präsenz, Harmonie, Gleichmut, Stille, Fokus

Gern möchte ich Ihnen an dieser Stelle, neben der natürlich praktizierten Achtsamkeit und Präsenz im Augenblick, zwei Methoden aus dem schon erwähnten MBSR-Programm vorstellen: Die Gehmeditation und den Body-Scan. Doch lassen Sie uns zunächst einen Blick auf Ihr alltägliches Tun werfen und schauen, was Sie genau verändern können, um achtsamer, entspannter und ausgeglichener zu werden. Im Grunde genommen geht es dabei lediglich um ein bewusstes Wahrnehmen der Dinge, die Sie **in diesem Augenblick** tun – ohne an gleich oder gestern oder morgen zu denken. Stellen Sie sich einfach vor, Sie bereiten eine leckere Gemüselasagne für die Familie vor: Schauen Sie sich Ihre Zutaten ganz genau an. Fühlen Sie die Form und Beschaffenheit Ihrer Zucchini, Paprika und Zwiebel, riechen Sie an den verschiedenen Gewürzen und Kräutern, und wenn es um das Probieren und Abschmecken geht, lassen Sie diesen Bissen im Mund hin- und herwandern und kauen Sie langsam, um den intensiven Geschmack in seiner ganzen Fülle zu erleben. Beim Zähneputzen, bei der Gesichtsreinigung, bei der Gartenarbeit, beim Blick durch das Fenster in den Garten, beim Streicheln des Hundes, beim Spielen mit den Kindern, beim Liebkosen des Partners – was auch immer Sie tun, bleiben Sie gedanklich intensiv im gegenwärtigen Moment. Wenn Sie gezielt die Gegenwart verlassen wollen, um Ihr Wohlbefinden durch wunderbare Gedanken zu steigern, gehen Sie auch hier achtsam und sinnlich vor. Wie Sie bereits wissen, kann das Gehirn nicht wirklich unterscheiden, was tatsächlich passiert und was Imagination ist. Deswegen ist es auch ein Erfolgsgeheimnis, sich sowohl angenehme Erinnerungen als auch eine verlockende Zukunft nach allen Regeln der Kunst auszumalen. Erleben Sie vergangene und bevorstehende Situationen ebenfalls mit Ihren fünf Sinnen. Ein Strandspaziergang, den Sie bereits positiv erlebt haben, wird so in Gedanken erneut zum Leben erweckt. Stellen Sie sich vor, wie sich Ihre Füße in den weichen Sand graben, wie Ihnen ein leichter Wind durch das Haar weht, wie die Sonne Ihre Nase kitzelt, schauen Sie über das blaue Meer, sehen Sie das Fischerbötchen am Horizont und die Möwe am Himmel, hören Sie das Wellenrauschen, das Kichern der Kinder, die im Sand buddeln, riechen Sie den angenehmen Duft Ihrer Sonnenlotion, das mediterrane Klima, den leichten Geruch von gegrilltem Fisch, Zitrone und Knoblauch. Vielleicht denken Sie jetzt, ich mag doch gar kein Knoblauch. Ich möchte Sie herzlichst einladen, Ihre ganz eigene Sinnlichkeit zu entwickeln. Finden Sie Ihre speziellen Anregungen, die für Sie den Unterscheid machen, sowohl im Alltag als auch gezielt durch die vorgeschlagenen Interventionen.

Gehmeditation

Bei der Gehmeditation geht es darum, die Konzentration auf die Füße, Beine und den Bewegungsablauf beim Gehen zu lenken und bewusst auf seinen Atem zu achten. Suchen Sie sich einen unbeobachteten und ruhigen Platz. Stellen Sie sich hin und nehmen Sie Ihr Stehen und Ihr Atmen wahr. Und dann legen Sie los: Gehen Sie. Und während Sie Ihre Aufmerksamkeit auf den vom Boden abgehobenen Fuß lenken, führen Sie die Bewegung des ersten Schrittes in aller Langsamkeit zu Ende. Spüren Sie auch Ihr Standbein, das Abrollen des Fußes und die Gewichtsverlagerung. Am Anfang können Sie ganz langsam starten, sodass ein Schritt fast eine Minute dauert und Ihnen ausreichend Gelegenheit gibt, ganz und gar in diesem Augenblick des Gehens zu verweilen. Ohne Ablenkung durch Spaziergänger, Geräusche oder Ihre eigenen abschweifenden Gedanken.

Body-Scan

Um eine Body-Scan-Meditation durchzuführen, legen Sie sich am besten auf den Rücken und nehmen Sie sich eine Dreiviertelstunde Zeit. Die meisten gestressten Menschen verlieren den Zugang zu ihrem Körper, das heißt, sie können sich selbst gar nicht mehr spüren. Der Body-Scan hilft dabei, Schritt für Schritt den eigenen Körper in Gedanken abzuwandern, die Wahrnehmung für die einzelnen Körperteile und ihre Befindlichkeit zu schärfen sowie durch gezieltes Atmen einzelne Regionen zu lockern. Ein Vorschlag ist, mit den Zehen des linken Fußes zu beginnen und langsam weiter über den Fuß in den Unterschenkel, das gesamte Bein entlang bis zum Becken und zum Po gedanklich zu fließen. Lenken Sie Ihren Atem bewusst zu der jeweiligen Körperstelle und empfinden Sie diese mit Ihrer ganzen Gedankenkraft. Sie können den Body-Scan auch ganz langsam angehen, Zeh für Zeh, über den Ballen, den Spann, bis hin zum Fußgelenk. Wenn Sie das linke Bein bis zum Becken wahrgenommen haben, lenken Sie Ihre Aufmerksamkeit auf das rechte. Danach geht es weiter mit dem Oberkörper, der Brust, den Schultern und beiden Armen und Händen. Sie lassen Ihren Atem von unten bis oben durch Ihren Körper fließen und zum Schluss durch Nacken und Gesicht, bis er schließlich durch eine vorgestellte Öffnung am Scheitelpunkt austreten und wieder einströmen kann. Genauso verfahren Sie, wenn Sie Ihren Atem an jede einzelne Körperstelle schicken, mehrfach in diese hinein- und wieder ausatmen. Bleiben Sie jederzeit im gegenwärtigen Moment, und es wird Ihnen gelingen, durch das wiederholte Loslassen der einzelnen Körperregionen auch Verspannungen in den Muskeln zu lösen. Der Body-Scan erfordert ein bisschen Übung. Sie finden das Buch von Kabat-Zinn mit der beschriebenen Methode im Anhang.

Auch andere Entspannungs- und Meditationstechniken wie das autogene Training, die progressive Muskelrelaxation nach Edmund Jacobsen oder das fernöstliche Tai-Chi und Qigong können bei der

Regulation von Emotionen und Befindlichkeiten helfen. Achtsamkeitsbasierte Übungen beruhigen die Amygdala, die oft zitierte Quelle der Angst in unserem Gehirn, und reduzieren das Empfinden von Stress. In der Folge werden zahlreiche körperliche Beschwerden, Schlafprobleme und Durchblutungsstörungen gelindert.

Entscheidung 10

Ich liebe mit Milch und Honig!

Liebe ist das Einzige, das sich verdoppelt,
wenn man es teilt.

Clemens Brentano

Was mich wirklich krank macht:

Egozentriertheit, Egoismus, Einsamkeit, Verantwortungslosigkeit, Desinteresse, Ablehnung, Kälte, Hochmut, Habgier, Geiz, Neid

Die Liebe beinhaltet Wärme, Vertrauen und Verbundenheit, und zwar, ohne fordernd und ichbezogen zu sein. Sie ist das wichtigste und heilsamste Mittel, das das Leben überhaupt erst lebenswert macht und tiefe Glückseligkeit verspricht. Und wenn ich hier von Liebe spreche, meine ich nicht nur die Liebe von Mensch zu Mensch, die romantische Liebe, die Mutterliebe oder die Nächstenliebe, sondern auch die Selbstliebe, unsere Liebe zum eigenen Wirken und unsere Liebe zu diesem Leben. Vielen Menschen geht es vermehrt darum, von anderen geliebt zu werden. Ihre Gedanken kreisen um das Thema, wie sie es schaffen, für andere liebenswert zu sein. Dabei geht es bei der Liebe vor allem um die Fähigkeit zu lieben, also selbst in Liebe zu sein und Liebe geben zu können, ohne etwas dafür zu erwarten. Oder wie die Schauspielerin Katharine Hepburn es ausdrückte: „Liebe ist nicht das, was man erwartet zu bekommen, sonders das, was man bereit ist zu geben." Und damit fängt das ganze Dilemma bereits an, denn als Kinder waren wir abhängig von der Liebe und Fürsorge unserer Mutter. Vielleicht haben wir schon früh erste Wunden und eine emotionale Bedürftigkeit entwickelt, die uns Jahre später auf der sehnsuchtsvollen Suche nach Liebe das Leben erschwert. Viele von uns haben nie gelernt, das Leben zu lieben und die eigene Anwesenheit auf diesem Planten aus vollem Herzen zu bejahen. Wie mache ich es mir selbst schön? Wie geht Lebensfreude? Wie kann ich lieben? Stattdessen irren viele umher in der Hoffnung, jemanden zu finden, der sie annehmen und glücklich machen kann. Es fühlt sich für die meisten an wie eine Lücke im Herzen. Aus diesem Defizit heraus finden ihre Gedanken oftmals nur den einen Fokus: ICH.

Bei so viel Selbstbezogenheit bleibt die Erfüllung des ureigenen Wunsches und der größten Sehnsucht, Liebe zu empfangen, vollkommen auf der Strecke. Sie sehen den anderen nicht mehr, können nicht zuhören, verschenken selten ein Lächeln, verlieren die Empathie und das Feingefühl, machen sich abhängig von äußeren Gegebenheiten, eifern nach Macht und Attraktivität. Sie lächeln aus Berechnung, um ihr Netzwerk zu optimieren und die Chancen auf Anerkennung und Liebe zu erhöhen. Sie wirken leidenschaftlich und motiviert bei ihrer Mission, schöner zu werden und materielle Ziele zu erreichen. Im tiefen Inneren bleiben der alte Schmerz aus Kindheitstagen und das schale Gefühl, den Menschen eine Show bieten zu müssen, um den eigenen Selbstwert zu spüren. Das drängende Bedürfnis, geliebt zu werden, bei einem anderen Menschen anzukommen, endlich nach Hause zu kommen, begleitet unbewusst ihr egoistisches Verhalten.

Gesundheitlich sind vor allem das Herz, der Kreislauf und das Blut betroffen. Ein zu wenig an Lebensbegeisterung kann ebenso zu Herzproblemen führen wie künstlich inszenierte Lebensfreude. Auch unsere Wurzeln und unser Trägersystem, unsere Beine, Knochen, unser Rücken, unsere Sehnen und Muskeln können Probleme bereiten. Ob Asthma, Allergien oder ein schwächelndes Immunsystem, die Folgeerscheinungen eines lieblosen Umgangs miteinander sind vielfältig.

Warum das eine gute Entscheidung ist:

Was es bedeutet, mit Milch und Honig zu lieben, beschreibt der renommierte Psychologe Erich Fromm in seinem Buch „Die Kunst des Liebens" im Kapitel über Mutterliebe. Die Milch steht hierbei symbolisch für den nährenden und fürsorglichen Aspekt der Liebe. Er beschreibt es in Anlehnung an die Tierwelt als ein fast schon instinktgesteuertes Verhalten, dass Mütter sich – vorausgesetzt, sie sind geistig und körperlich gesund – um ihre Kinder kümmern und sie versorgen. Sie werden geleitet von dem Gefühl, und Gesundheit und Wachstum bieten gute Voraussetzungen, um dem Leben widerstandfähig zu begegnen. Der Honig steht für die Süße des Lebens, für die Lebenslust und Lebensfreude. Es ist das uneingeschränkte Ja zum Leben. Es geht also weniger um das Leben als solches, das Überleben, als vielmehr um den Sinn und um die Liebe zum Leben. Und hier macht Fromm auch schon die ersten Einschränkungen in puncto Mutterliebe, denn mit Honig können nur die Menschen lieben, die selbst Lebensfreude empfinden und glücklich sind. „Um Honig spenden zu können, muss die Mutter nicht nur eine ‚gute Mutter' sein, sie muss auch ein glücklicher Mensch sein – ein Ziel, das nur Wenige erreichen. Die Wirkung auf das Kind kann man kaum zu hoch einschätzen. Die Liebe der Mutter zum Leben ist ebenso ansteckend wie ihre Angst. Beide Einstellungen haben einen tiefen Eindruck auf die gesamte Persönlichkeit des Kindes."

Sie können sich sicher vorstellen, was in Sachen Liebe passiert, wenn die Kinder heranwachsen und die Erwartungen einer Mutter, die Milch, aber keinen Honig geben kann, unaufhörlich steigen und Gegenleistung eingefordert wird. Schnell entstehen beim Kind falsche Glaubenssätze und es bringt Liebe mit Leistung zusammen, mit Brav- und Angepasstsein oder gar Schmerz. Mit diesen fatalen Glaubenssätzen wird es dann erwachsen und geht Liebesbeziehungen ein, in denen sich das Muster wiederholt und eine krank machende Dynamik entsteht. Vielleicht denken Sie jetzt kurz darüber nach, welche Anteile an Milch und Honig Sie in Ihrer Kindheit empfangen durften. Sicher hat Fromm mit seiner These recht, dass die Süße des Lebens nur unzureichend durch die Mütter vermittelt worden ist, die abhängig von ihrer Generation und ihrem eigenen Glücksempfinden selbst nicht so gut aufgestellt waren. Inwieweit ein Ausgleich durch Ihren Vater oder eine andere Bezugsperson stattfinden konnte, entscheiden Sie bitte für sich selbst.

Ich möchte Ihnen gern – unabhängig von Fromms Ausführungen bezüglich der Mutterliebe – das Prinzip von Milch und Honig als Liebesfähigkeit ans Herz legen. Der Aspekt der Verantwortung und Fürsorge gepaart mit dem der Lebensfreude bildet für jede Form von

Partnerschaft und Beziehung eine glücksversprechende Herangehensweise. Natürlich übernehmen Sie auch Verantwortung für Ihren Partner, und das Leben mit ihm wird sich glücklicher gestalten, wenn Sie diese Liebe mit Leichtigkeit und Freude leben. Oder stellen wir uns vor, Sie sind der Chef oder die Chefin eines Unternehmens und mit Liebe bei der Sache. Selbstverständlich sind Fürsorge und Verantwortung bezüglich des Wohlbefindens und der Gesundheit Ihrer Mitarbeiter wichtige Führungsqualitäten und sozusagen die „Milch" innerhalb dieser wertschätzenden Verbindung. Wenn Sie Vorbild und Leitfigur für Ihre Angestellten darstellen, ist mit Sicherheit auch „Honig" mit im Spiel und die Liebe zu Ihrem Beruf und Ihrem Unternehmen allen Mitarbeitern mehr als deutlich. Wie soll auch jemand, der selbst keinen Antrieb und keinen Spaß empfindet, der müde, klagend und gereizt seinen Job macht, andere für sich gewinnen und überzeugen können? Es sind Begeisterung, Freude und Zuversicht, die zu Ihnen zurückkommen, wenn Sie mit Liebe Ihren Job machen.

Damit Sie überhaupt in der Lage sind, mit Milch und Honig zu lieben, gilt es, zwei wichtige Punkte zu berücksichtigen: Selbstliebe und Menschlichkeit.

Fangen Sie bei sich selbst an: Spüren Sie bereits ein Defizit an Süßem in Ihrem Leben? In diesem Fall haben Sie durch die vergangenen Kapitel erfahren, wie Sie an Lebensfreude gewinnen können. Die Lebensuhr lässt sich definitiv nicht zurückdrehen, es liegt jedoch in Ihrer Macht und Verantwortung, aus den Gegebenheiten das Beste zu machen. Blättern Sie einfach noch einmal durch die Seiten und finden Sie die für Sie richtigen Interventionen, die Ihnen dabei helfen, Ihren Blick auf die Fülle und das Positive in Ihrem Leben zu richten. Gehen Sie noch einmal in sich und spüren Sie nach, in welchen Momenten Sie es verstehen, nach Herzenslust zu leben. Was macht Sie glücklich? Wobei vergessen Sie die Zeit? Welche Erinnerungen stärken Sie? Welche Wünsche wollen Sie sich noch erfüllen? Und vergessen Sie dabei nicht, für sich selbst gut zu sorgen, sich selbst der beste Freund oder die beste Freundin zu sein. Machen Sie es sich gemütlich. Verwöhnen Sie sich selbst mit gutem Essen. Gönnen Sie sich etwas Besonderes. Pflegen Sie sich. Seien Sie genauso fürsorglich und liebevoll im Umgang mit sich selbst, als seien Sie Ihr eigenes Baby. Sie allein sind verantwortlich für Ihr Wohlbefinden. Legen Sie Gelassenheit an den Tag, wenn Ihnen ein Fehler unterläuft oder Sie einen Misserfolg zu verzeichnen haben. Sie würden schließlich einen guten Freund oder eine gute Freundin auch nicht zusätzlich kritisieren, kleinmachen oder beleidigen. Wenn also diese kleine beschimpfende Stimme in Ihrem Kopf auftaucht und Selbstzweifel, ein schlechtes Gewissen und Wertlosigkeit in Ihnen säen will, machen Sie sich bewusst, dass Selbstliebe Ihre eigene Verantwortung ist. Zeigen Sie Mitgefühl sich selbst gegenüber, sprechen Sie sich gut zu, trösten Sie sich und vergeben Sie sich selbst Dummheiten und Fehler. Sehen Sie das kleine Kind in sich und schließen Sie es gedanklich in Ihre Arme, drücken Sie es fest an sich, voller warmherziger Fürsorge (Milch) und mit großer Kraft und Lebenslust (Honig).

Bei sich selbst in puncto Wertschätzung anzufangen, macht es erst möglich, anderen Menschen mit einer wertschätzenden Haltung zu begegnen. Mahatma Gandhi lehrt uns: „Sei du selbst die Veränderung, die du dir wünschst für diese Welt." Das bedeutet auch, dass wahre Liebe mit „Geben" und nicht mit „Nehmen" anfängt. Es zeigt uns, dass diese Form von Liebe eine Loslösung von unserem kleinen, ängstlichen und abhängigen Ego darstellt, das in seinem Ursprungskern einen anderen Menschen nur besitzen und beherrschen will. Es fordert uns auf, beherzt in die Welt zu gehen und uns menschlich zu zeigen. Damit sind keine großartigen humanen Aktionen gemeint, sondern die kleinen Veränderungen im Alltag, die Großes bewirken können. Respekt, Höflichkeit, Anstand, Benehmen, Hilfsbereitschaft, Freundlichkeit, Verbindlichkeit, Dankbarkeit, Aufmerksamkeit und Anteilnahme. Wie viel schöner wäre das Leben, wenn wir es mit Liebe und Menschlichkeit füllten? Wenn wir einfach so einem älteren Herrn die Tür aufhielten, dem im Stadtplan vertieften, verzweifelt Suchenden unsere Hilfe anböten, wenn wir der traurig ausschauenden Bedienung unser schönstes Lächeln schenkten, der Nachbarin im Hausflur ein Kompliment machten und einem Freund, der einen schlechten Tag hatte, aufmerksam zuhörten und ihn liebevoll in unsere Arme schlössen?

Es sind oftmals die kleinen Dinge, die vermehrt auf der Strecke bleiben und unser Zusammenleben zunehmend erkalten lassen, weil vermehrt Menschen gedanklich und emotional nur noch bei sich selbst und der eigenen Wirkung sind. Anschließend wundern sie sich dann, dass trotz der größten Bemühungen, ein perfekter Mensch zu werden, Einsamkeit und Leere die wahren Begleiter ihres Lebens sind.

Vielleicht haben Sie schon einmal etwas vom „Schmetterlingseffekt“ gehört, der besagt, dass eine kleine Veränderung im System eine nicht vorhersehbare Reaktion größeren Ausmaßes hervorrufen kann. Eine häufig gewählte bildliche Vorstellung ist, dass der Flügelschlag eines Schmetterlings in Brasilien einen Tornado in Texas auslöst. Vielleicht kennen Sie auch den „Schneeballeffekt“, der den bildlichen Vergleich beinhaltet, dass eine kleine Schneekugel auf ihrem Weg den Berg hinunter immer größer und größer wird. Damit ist eine Kettenreaktion gemeint, die den Ursprungsgedanken und das anfängliche Verhalten verstärkt. Kleine Veränderungen Ihrer Haltung und Ihres Tuns können gesellschaftlich bedeutende Werte verändern und ansteckend auf Ihre Mitmenschen wirken. Wenn wir lernen, hinzusehen und hinzuhören und – wie es Papst Franziskus als Empfehlung für die Priester ausdrückte – eine „Haltung der geistigen Zärtlichkeit“ einnehmen, werden wir zusammen sehr viel bewegen. Jeder gute Gedanke, der im Boden eines wertschätzenden Miteinanders gesät wird, birgt das Potenzial, sich zu vervielfachen und eine reiche Ernte hervorzubringen. Ihre satte Ernte sind in diesem Fall liebevolle Verbindungen und eine gute Gesundheit durch die Öffnung Ihres Herzens und den natürlichen Fluss Ihrer Körperflüssigkeiten wie Blut, Lymphe und Magensaft.

Wie Sie vorbeugen und heilen können:

Warmherzigkeit, Verbundenheit, Respekt,
Verantwortung, Fürsorge, Lebensfreude, Lebenslust,
Humor, Optimismus, Aufmerksamkeit, Lob,
Anerkennung, Zuspruch, Dankbarkeit, Hilfsbereitschaft,
Zärtlichkeit, Güte

Wenn Sie auf diesen beiden Ebenen der Verantwortung und der Lebensfreude Ihr Herz öffnen, werden Sie die Liebe spüren und Ihr Umfeld wird unmittelbar darauf reagieren. Neurowissenschaftliche Studien haben gezeigt, dass positive Emotionen die Wahrnehmung erhöhen und auch körperliche Reaktionen zur Folge haben. Ein mit positiven Gefühlen durchfluteter Körper beginnt, sich zu erheben, zu weiten, zu öffnen und zu wachsen. Er wirkt auf andere Menschen wie eine Einladung, es ihm gleichzutun. Entspannung und Verbundenheit werden auch im Gesicht sichtbar durch einen sich weitenden Blick und ein zartes Lächeln. Und damit fängt alles an. Diese Positivität ist ansteckend und auf nonverbaler Ebene treten Menschen miteinander in Kontakt. Sie empfangen sozusagen die Signale und schwingen im gleichen Rhythmus. Man nennt diesen Vorgang auch Positivitätsresonanz. Barbara L. Fredrickson, Professorin für Psychologie und Direktorin des Labors für Positive Emotionen und Psychophysiologie an der University of North Carolina, spricht von dem „einzigartigen Fingerabdruck der Liebe", der durch vier nonverbale Signale charakterisiert wird:

1. **Ein Lächeln, das die Augen miteinbezieht**
2. **Offene Gesten, z. B. entgegengestreckte Handfläche**
3. **Neigen, die Art und Weise dem anderen zugewandt zu sein**
4. **Nicken, als aufmerksame, ermunternde und anerkennende Geste**

Diese vier kraftvollen Zeichen sollten Sie in Ihr alltägliches Miteinander einbauen, denn sie werden von anderen Menschen als Ausdruck der Liebe gedeutet und führen zu einer sich verstärkenden Eigendynamik eines guten Gefühls. Als Übung möchte ich Ihnen gern eine Meditation von Fredrickson vorstellen mit dem Namen „Liebende Güte“:

Liebende Güte

Bei dieser Übung ist es wichtig, dass Sie einen ruhigen Platz auf einem Stuhl finden, auf dem Sie bequem sitzen und Ihren Brustkorb weiten können. Setzen Sie sich gerade hin, stellen Sie die Füße nebeneinander auf den Boden und legen Sie Ihre Hände auf den Oberschenkeln ab. Nehmen Sie nun in entspannter Form Ihre Schultern ein wenig zurück, sodass Ihr Brustkorb nach vorne Platz gewinnt. Sie können die Augen schließen oder einen fixen Punkt betrachten.

Konzentrieren Sie sich nun einige Minuten auf Ihr Herz, während Sie dabei langsam ein- und wieder ausatmen. Mit jedem Atemzug führen Sie Ihrem Herzen neue, frische Energie zu. Sie spüren, wie wohltuend diese Herzatmung ist und Ihr Körper mit Kraft und guten Gefühlen versorgt wird.

Nun denken Sie bitte an einen Menschen, den Sie liebhaben und für den Sie warme Gefühle hegen. Das kann Ihr Partner, Ihr Kind, Ihre Mutter oder auch eine ganz andere Person sein. Schauen Sie diesem Menschen ins Gesicht. Schauen Sie ihm tief in die Augen. Und nun lächeln Sie ihn an. Stellen Sie sich vor, wie dieser Mensch zurücklächelt. Machen Sie sich bewusst, was Sie an diesem Menschen mögen, was ihn ausmacht, und spüren Sie die zarten Gefühle nach, die Sie jetzt empfinden.

Wenn Sie voll und ganz von diesem warmen Gefühl getragen sind, sprechen Sie leise oder in Gedanken Ihre speziellen Sätze der „Liebende-Güte-Meditation“, um Ihre guten Gefühle und Wünsche sozusagen auf diesem Wege weiterzuleiten. Die Sätze könnten zum Beispiel folgenden Wortlaut haben:

- **Möge dieser Mensch sich sicher und beschützt fühlen.**
- **Liebe ..., mögest du glücklich sein und ein Leben voller Leichtigkeit führen.**
- **Lieber ..., mögest du ein erfülltes Leben führen und gesund bleiben.**

Probieren Sie einfach aus, auf welche Weise Sie Ihre wunderbar warmen Gefühle am besten aussenden können. Bedeutsam hierbei ist, dass Sie Ihr Herz geöffnet haben und die Verbundenheit und Liebe Sie selbst tief berührt.

Raus aus der Komfortzone, zuerst nach innen!

Kümmern Sie sich um Ihre Gefühle! Sie erinnern sich an die „Goldene Achse“ in der Leuchtkugel, die eine Balance zwischen Ihren weiblichen und männlichen Anteilen sowie eine Heilung Ihres inneren Kindes bedarf? Schauen Sie sich die Zeichnung noch einmal an – Sie steigen in den Bereich der positiven Gefühle auf, weil genau dieser Ausgleich Ihnen inneren Frieden und ein Gefühl von Vollkommenheit gibt. Alle zehn Entscheidungen wirken auf diese Achse ein und bringen Sie in das nötige Gleichgewicht.

Doch was ist zu tun, damit Sie überhaupt diesen Erfolgsweg gehen können? In erster Linie sollten Sie den Mut aufbringen, Ihre Komfortzone zu verlassen und nach innen zu blicken. Ja, Sie haben richtig gelesen: nach innen. Und jetzt werde ich den herkömmlichen Begriff der Komfortzone, so wie er üblicherweise in der Coaching-Szene und in der Persönlichkeitsentwicklung vermittelt wird, ein wenig dehnbarer gestalten: Aus Erkenntnissen der Lernpsychologie und der Erlebnispädagogik entwickelte sich das Drei-Zonen-Modell oder auch Komfortfortzonenmodell. Es geht davon aus, dass der Mensch sich vorwiegend in seiner Komfortzone aufhält, die durch Routine, Vertrautheit und Sicherheit gekennzeichnet ist und die Gefahr von Trägheit und Stillstand beinhaltet. Visionen, Ziele und Herausforderungen liegen deshalb im Außenbereich, außerhalb der Komfortzone, und versprechen Entwicklung, Wachstum und Erfolg. Man nennt diesen Bereich auch Lernzone, in Abgrenzung zu der darauffolgenden im äußersten Bereich liegenden Panikzone. Wenn diese Grenze zu früh beschritten wird, entsteht Panik, werden Gefühle von Angst, Überforderung und Kontrollverlust ausgelöst. Häufig werden im Persönlichkeitstraining Menschen aus ihrer Komfortzone geführt, indem sie sich meist sportlichen Herausforderungen von Klettergarten bis Felswand stellen oder eine einschneidende Veränderung innerhalb ihres Bewegungs- oder Ernährungsmusters vornehmen. Das heißt, der Mensch soll den Mut aufbringen, seine gewohnte Umgebung zu verlassen, um seine Wünsche zu verwirklichen.

Wie bereits erwähnt, wird bei diesem Modell davon ausgegangen, dass die Ziele außerhalb dieser Zone liegen. Ich möchte Ihnen gern – ganz bewusst – ein anderes Denkmodell an die Hand geben. Eines, das das erklärte und gewöhnliche Komfortzonenmodell durchaus zulassen kann, jedoch eine mutige Bewegung vorschiebt. Eine bewusste Bewegung nach innen, um Selbstbewusstsein zu entwickeln und die eigene Wahrheit für sich zu entdecken. Meine persönlichen Beobachtungen zeigen, dass einige Menschen viel zu früh im herkömmlichen Sinn ihre Komfortzone verlassen. Oftmals haben sie noch nicht einmal eine solche. Das Wort „Komfort" stammt aus dem Englischen (comfort) und bedeutet „Bequemlichkeit" oder „Behaglichkeit". Diese Menschen suchen Zerstreuung, Ablenkung und neue Herausforderungen. Sie wollen sich selbst wieder spüren und materielle Werte schaffen. Sie sind abhängig von den Geschehnissen im Außen und von der Bewertung und Anerkennung anderer Menschen. Ohne Partner fühlen sie sich verloren.

Der erstrebenswerte Lernzonenbereich lässt sich besser mit einem gefestigten Kern erobern. Ein starkes und gesundes Selbst bauen Sie vor allem dadurch auf, dass Sie Ihre Stärken, Werte, Ziele, Gefühle, Bedürfnisse und Ihren Körper wirklich kennen. Dass Sie genau wissen, wer Sie sind und welche Verletzungen, Kränkungen und Enttäuschungen Sie immer noch davon abhalten, längst fällige und für Sie wichtige Entscheidungen zu treffen. Es nutzt nichts und wird Sie auf Dauer schwächen, ohne Selbstbewusstsein Ihre Komfortzone zu verlassen, um Ihre Erfüllung außerhalb zu finden. Werden Sie sich klar darüber, was Sie wirklich wollen, und probieren Sie dann – und das kann nach und nach auch parallel passieren – die Dinge aus, die Sie glücklich machen und weiter zu Ihrem Ziel bringen.

Zunächst einmal kann Ihre Komfortzone – vorausgesetzt, Sie haben sich eine geschaffen – etwas sehr Schönes sein. Sie steht für eine vertraute und warme Atmosphäre, für Gemütlichkeit und Wohlbefinden. Sie bietet Raum für Sicherheit, Verbundenheit, Freunde, Familie, Rituale und Entspannung. Es ist also durchaus in Ordnung, auch in seiner Komfortzone zu verweilen. Selbst, wenn die Komfortzone bei Ihnen gedanklich mit Faulheit, Trägheit und Resignation verbunden ist und Sie sich selbst täglich Chips futternder Weise vor dem Fernseher abhängen sehen, wird es zuallererst ein Gedanke sein, der Sie vom Sofa runterholt. Vielleicht ist es sogar ein schneller Gedanke, eine Entscheidung, der oder die Sie direkt aus der Komfortzone holt und an die frische Luft bringt, Sie zu körperlicher Bewegung verführt, um Ihre Gedanken weiter in Bewegung zu versetzen. Lernen Sie sich kennen und spüren Sie, was genau Sie in den Rückzug getrieben hat und welche Ursachen Ihre Traurigkeit und Lebensunlust haben.

Mit einem guten Selbstbewusstsein und Klarheit über die eigenen Ziele machen Sie einen mutigen Schritt nach außen und materialisieren Ihre Träume. Alles Neue, was Sie dann ausprobieren und couragiert meistern, wird Ihr Selbstvertrauen und Ihre Lernfreude erhöhen. Jetzt kann Ihre persönliche Reise durch die Zonen starten.

Nichts ist drinnen, nichts ist draußen.
Denn was drinnen, das ist außen.

Johann Wolfgang von Goethe

Wie geht es mir wirklich?

Sie finden die Antwort auf diese Frage, indem Sie der Stimme Ihres Körpers lauschen und seine gesendeten Signale genau unter die Lupe nehmen. Jedes äußere Merkmal in Ihrem Gesicht und jede Veränderung in Ihrem Körper sind Symptome und geben Ihnen einen wichtigen Hinweis auf eine mögliche Ursache.

Ein Beispiel: Mal angenommen, es plagen Sie Verspannungen mit einer verhärteten Muskulatur im Nackenbereich. Diese lösen schlimmstenfalls einen Schmerz aus, der über Ihren Hinterkopf bis in die Augen und Schläfen kriecht. Darüber hinaus kann dieser sogenannte Spannungskopfschmerz auch noch Schwindel und Übelkeit hervorrufen. Um jetzt der eigentlichen Ursache dieser Problematik auf die Spur zu kommen, fragen Sie sich bitte: Wie habe ich selbst durch mein Verhalten dazu beigetragen, dass es zu diesem Beschwerdebild kommen konnte? Vielleicht haben Sie stundenlang in falscher Körperhaltung mit vorgeschobenem Kopf vor dem Computer gesessen. Oder Sie haben mit hängendem Kopf zu lange auf das Smartphone geglotzt. Dieses Fehlverhalten könnte bereits Auslöser der beschriebenen Schmerzattacke sein. Wenn dann zusätzlich die Augen noch überanstrengt sind, kaum geblinzelt und nicht ausreichend Wasser getrunken wurde, sind Verspannungen kein Wunder.

Wenn Sie jedoch keine bewusste Aktivität finden können, die für Ihre Kopfschmerzen verantwortlich ist, versuchen Sie es bitte mit nach innen gerichteten Fragen: Wer oder was sitzt mir im Nacken? Wovor habe ich Angst? Welchen Konflikt trage ich ungelöst in mir? Worüber ärgere ich mich? Wogegen kämpfe ich an? Was spannt mich so an? Warum bin ich so unausgeglichen? Welche versteckten Aggressionen verspüre ich?

Wenn Sie eine Emotion häufig über einen längeren Zeitraum fühlen, zeigt sich das in Form von Linien und Falten in Ihrem Gesicht. So haben Menschen mit Problemen der Halswirbelsäule und Spannungskopfschmerzen häufig einen müden Blick und Steilfalten zwischen den Augenbrauen. Die Augen können aufgrund der mangelhaften Durchblutung auch trocken und gerötet sein. Sollten Sie keine Falten haben, können Sie Ihr Wohlbefinden auch anhand von Schwellungen und Einbuchtungen, der Hautbeschaffenheit, Schattierungen, Verfärbungen, der Haardichte, am Haarwachstum und am Augenausdruck ablesen. Als erste einfache Hilfestellung gebe ich Ihnen folgende zehn Tipps mit auf den Weg:

1. **Achten Sie auf ein Strahlen in den Augen. Wenn der Blick matt und trüb ist, kann es ein Zeichen von Leere und Erschöpfung sein. Es fehlt dann an Lebensfreude und Liebe.**
2. **Achten Sie auf Rötungen, sie können eine Überhitzung oder Übersäuerung bzw. versteckte Aggressionen im Körper anzeigen und Entzündungen nach sich ziehen.**
3. **Achten Sie auf Blässe und weiße Stellen. Durchblutungsstörungen und Blutarmut können damit zusammenhängen. Oft ist der Mensch dann müde, macht sich Sorgen und kann manche Emotionen und Geschehnisse nicht verdauen.**
4. **Achten Sie auf dunkle Schatten um die Augen herum. Es kann sich um Kreislaufbeschwerden, Entgiftungsproblematiken und Nährstoffmangel handeln. Ihr Immunsystem ist vielleicht geschwächt und toxischer Seelenmüll kann nicht entsorgt werden.**
5. **Achten Sie auf Schwellungen um die Augen herum sowie auf Tränensäcke. Dieser Bereich wird den Nieren zugeordnet. Sie stehen für Probleme in Beziehung und Partnerschaft und das „Loslassen".**
6. **Achten Sie auf einen eingefallenen Wangenbereich. Er zeigt an, dass Sie entkräftet sind und sich um sich selbst kümmern sollten. Wenn er darüber hinaus noch faltig erscheint, kann es ein Hinweis auf schlechte Atmung sein.**
7. **Achten Sie auf die Falten, die nach unten ziehen, wie die Nasolabialfalten und die vertikalen Falten vom Mundwinkel ab-**

wärts. Tief eingegrabene Falten zeigen eine Stoffwechselproblematik an. Galle, Leber, Magen und Milz können betroffen sein. Ein Zeichen für Blockaden und Verschleimung. Der gestörte Fluss fordert auf, sich nicht zu verbiegen und in die Selbstliebe zu gehen.

8. **Achten Sie auf Ihre Augen. Plötzlich auftretende Probleme (Trockenheit, Rötungen, Zittern) können darauf hinweisen, dass Sie etwas nicht sehen wollen oder nicht richtig sehen. Augenzittern kann mit den Nerven verbunden sein. Rote Adern in den Augen zeigen ein geschwächtes Immunsystem.**
9. **Achten Sie auf Ihre Haare. Plötzlicher Haarverlust zeigt ein hormonelles Problem sowie Stress und Nährstoffmangel an. Ihre weiblichen und männlichen Anteile sind wahrscheinlich nicht in der Balance.**
10. **Achten Sie auf Ihre Haut. Jedes Ungleichgewicht kann Unreinheiten, Entzündungen und Allergien bewirken. Häufig geht es um unterdrückte Wut, eine innere Revolution und fehlende Selbstakzeptanz und Selbstliebe.**

Es ist ein wenig Übungssache, doch es hilft Ihnen, Ihren Körper und die Bedürfnisse Ihrer Seele besser zu verstehen. Sie schulen Ihre Selbstwahrnehmung, indem Sie sich selbst betrachten und beobachten. Mit der Zeit werden Sie lernen, die Zeichen zu deuten und sich selbst das Ungleichgewicht Ihrer Emotionen bewusst zu machen. Hüten Sie sich davor, Ihre Merkmale in die Suchleiste bei Google einzugeben, denn das Ergebnis könnten sämtliche der Schulmedizin bekannten, furchterregenden Krankheitsbilder sein. Furcht und Angst vor Erkrankungen und Tod sind negative Gefühle, die uns schaden und unserer guten Gesundheit abträglich sind.

Wenn du willst,
was du noch nie gehabt hast,
dann tu,
was du noch nie getan hast.

Dr. Nossrat Peseschkian,
Psychotherapeut

Schlusswort

Liebe Leserinnen und Leser, auch wenn ich mich seit vielen Jahren mit nichts anderem beschäftige als mit Gedanken und Gefühlen und deren Auswirkungen auf unser Selbstbild, unsere Ausstrahlung und unsere Gesundheit, bin auch ich nicht restlos gefeit vor Niederlagen und Unwohlsein. Wie ich Ihnen am Anfang des Buches erzählt habe, war ich verblendet in eine alte Falle getappt und musste feststellen, dass sich ein schädliches Denkmuster gravierender in meine Großhirnrinde gefräst hatte, als es mir bis dahin bewusst war. Es kann uns immer wieder passieren, dass Begegnungen und Konflikte mit anderen Menschen uns emotional aus der Bahn werfen. Der Unterschied zu früher, besser gesagt zu der Phase noch fehlender Bewusstheit, liegt vor allem in der Zeit und in der Intensität. Nach einer tiefen Selbsterkenntnis wird uns viel schneller bewusst, dass der Übeltäter für Schwäche und Krankheit bei unseren eigenen Emotionen zu suchen ist. Es lohnt sich, die eigenen Gefühle bewusst wahrzunehmen, genau hinzuschauen und seiner inneren Stimme zu lauschen. Wenn wir dauerhaft unser Gefühlsleben ignorieren und unseren Empfindungen keine Bedeutung beimessen, wird unser Körper mit einem Paukenschlag Alarm schlagen. Wir werden durch seine Signale massiv aufgefordert, unsere Einstellung und unseren Lebensstil radikal anzupassen. Die meisten Menschen glauben, die Dinge würden von außen verändert, doch in Wahrheit liegt es an Ihnen selbst, zu handeln. Nur wenn Sie aktiv etwas unternehmen und eine klare Entscheidung treffen, wird sich in Ihrem Leben etwas verbessern.

Durch Ihre Haltung zu Ihrem Körper, von gesunder Bewegung bis hin zu bewusster Ernährung, verändern Sie bereits Ihre Zellen und Ihren Gesundheitszustand. Durch das positive Regulieren Ihrer Gefühle machen Sie den entscheidenden Schritt. Alles, was dann noch kommen kann, ist vom Leben selbst geschickt und Schicksal oder auch „Kismet", wie es im Islam heißt, ein dem Menschen von höherer Stelle zugeteiltes Los, dem wir nicht entkommen können.

Also, hoffen wir gemeinsam, dass es uns alle nicht zu hart trifft, und leben die Zeit, die wir haben, in Liebe, mit Lebenslust und Leichtigkeit. Lassen Sie mich mit den Worten des französischen Philosophen und Schriftstellers Voltaire enden: „Da es sehr förderlich für die Gesundheit ist, habe ich beschlossen, glücklich zu sein.“

Quellennachweise und weiterführende Literatur

Marie-France Hirigoyen, *Die Masken der Niedertracht,* Seelische Gewalt im Alltag und wie man sich dagegen wehren kann, dtv

Alice Miller, *Die Revolte des Körpers,* Suhrkamp

Erich Fromm, *Haben oder Sein,* Die seelischen Grundlagen einer neuen Gesellschaft, dtv

Manfred Spitzer, *Einsamkeit,* Die unerkannte Krankheit, Droemer

Erich Fromm, *Die Kunst des Liebens,* Ullstein

Erich Fromm, *Authentisch leben,* Herder

Murray Stein, *C.G. Jungs Landkarte der Seele,* Patmos

Tiffany Watt Smith, *Das Buch der Gefühle,* dtv

Karlfried Graf Dürckheim, *Hara,* Die energetische Mitte des Menschen, O.W. Barth

Colin C. Tipping, *Ich vergebe,* Der radikale Abschied vom Opferdasein, J. Kamphausen

Dr. med. Eben Alexander, *Vermessung der Ewigkeit,* 7 fundamentale Erkenntnisse über das Leben nach dem Tod, Heyne

Fritjof Capra, *Wendezeit,* Bausteine für eine neues Weltbild, Fischer

Sandra Conrad, *Das bleibt in der Familie,* Von Liebe, Loyalität und uralten Lasten, Piper

Peter Spork, *Gesundheit ist kein Zufall,* Wie das Leben unsere Gene prägt, Die neusten Erkenntnisse der Epigenetik, DVA

Carola Hempel, *Die Quelle der Spiritualität,* Die Verbindung von Wissenschaft, Religion und Philosophie, Silberschnur Verlag

Ted J. Kaptchuk, *Das große Buch der chinesischen Medizin,* Die Medizin von Yin und Yang in Theorie und Praxis, Knaur

Dr. Hiromi Shinya, *Lang leben ohne Krankheit,* Diät- und Gesundheitstipps vom Entdecker des Enzym-Faktors, Goldmann

Doc Childre, Howard Martin, *Die HerzIntelligenz Methode,* Gesundheit stärken Probleme meistern- mit der Kraft des Herzens, VAK

Barbara L. Fredrickson, *Die Macht der Liebe,* Ein neuer Blick auf das größte Gefühl, Campus Verlag

Dr. Med. Lissa Rankin, *Mind over Medicin,* Warum Gedanken oft stärker sind als Medizin, Kösel-Verlag

Lillian Bridges, *Gesichtsdiagnose in der chinesischen Medizin,* Urban & Fischer

Dr. Joe Dispenza, *Werde übernatürlich,* Wie gewöhnliche Menschen das Ungewöhnliche erreichen, Koha

Rüdiger Dahlke, *Krankheit als Symbol,* Ein Handbuch der Psychosomatik, C. Bertelsmann

Jacques Martel, *Mein Körper – Barometer der Seele,* Das psychosomatische Lexikon, das schon bei Lesen hilft, VAK

Claudia Rainville, *Metamedizin,* Jedes Symptom ist eine Botschaft, Silberschnur

Heiko Gärtner, Tobias Krüger, *Krankheiten auf einen Blick erkennen,* Antlitz- und Körperdiagnose sowie weitere Techniken, um Menschen ganzheitlich zu erfassen, mvg Verlag

Christiane Beerlandt, *Der Schlüssel zur Selbstbefreiung, Enzyklopädie der Psychosomatik,* Lebensphilosophie für ein glückliches und gesundes Dasein, Verlag Beerlandt

Jon Kabat-Zinn, *Gesund durch Meditation,* Das große Buch der Selbstheilung mit MBSR, Knaur

Bernhard Moestl, *Shaolin,* Du musst nicht kämpfen, um zu siegen, Knaur

Caroline Myss, *Chakren,* Die sieben Zentren von Kraft und Heilung, Knaur Menssana

H.-D. Bach, *Sprechende Gesichter,* Erkenne das Anlitz und hilf dem Körper, Bio Ritter

Cyndi Dale, *Der Energiekörper des Menschen,* Handbuch der feinstofflichen Anatomie, Lotos

Dr. Werner Bartens, *Körperglück,* Wie gute Gefühle gesund machen, Droemer Knaur

Carmen Maria Poller, *Gesundes Selbstbewusstsein, Stresskiller Nr. 1,* Ellert & Richter Verlag

Carmen Maria Poller, *Glücklich, schön & selbstbewusst,* Trias

Geo Wissen (Ausgabe 63) und diverse Internetquellen

Gesundes Selbstbewusstsein:
Stresskiller Nr. 1
Mein Leben positiv verändern
Carmen Maria Poller
192 Seiten
978-3-8319-0616-1

In drei wichtigen Schritten werden in diesem umfassenden Ratgeber die Voraussetzungen angeboten, mit mentaler Stärke, Selbstvertrauen und Selbstsicherheit ein gesundes und erfülltes Leben zu führen: ein intensiver Mix aus eigenen Erfahrungen, psychologischen Experimenten und zahlreichen Selbstcoaching-Übungen, der zum philosophischen Denken ebenso wie zum disziplinierten Tun anregt!
So werden Sie zu der Person, die Sie tatsächlich sind.

Ich wünsche mir Gelassenheit
Ein Balancierkurs für die Seele
Alexandra Bischoff
160 Seiten
978-3-8319-0511-9

Alexandra Bischoffs Balancierkurs für die Seele ist ein alltagsorientierter, psychologisch fundierter Ratgeber zur Selbststärkung. Die erläuternden Texte werden abwechslungsreich ergänzt durch Anregungen zur Selbstreflexion und Anleitungen für Entspannungsübungen. Am Ende des Buches werden Sie um das wertvolle Wissen reicher sein, wie man trotz alltäglicher Widrigkeiten sein inneres Gleichgewicht wiederherstellen kann.

Begeisterung fürs Leben
Die Kraft deiner Gedanken
Uwe Böschemeyer
160 Seiten
978-3-8319-0529-4

Wir „sehen“ nur wenig von dem, was die Gedanken in uns und anderen bewegen. Dabei sind Gedanken eine Großmacht. Sie nehmen Einfluss auf unsere Gefühle, unsere Entscheidungen und unser Handeln. Sich selbst kennen und selbstsicher bejahen, auch allein glücklich sein können, den Sinn im eigenen Leben erkennen und andere Menschen vorurteilsfrei annehmen – der Schlüssel dazu liegt allein in uns und unserer Einstellung.

Das Leben meint mich
Meditationen für den neuen Tag
Uwe Böschemeyer
400 Seiten, 13 Abb.
978-3-8319-0016-9

Das Jahrbuch „Das Leben meint mich“ ist eine starke Herausforderung, das Leben zu bejahen. Dieser Kompaß für die Orientierung im Leben beschreibt, welche Wege zu Sinn und Glück möglich sind.
Es ist mit Herz und Verstand in einer einfachen und emotionalen Sprache geschrieben. Das Buch basiert auf vielen Erfahrungen im Umgang mit Menschen.

Impressum

Bibliografische Information der Deutschen Nationalbibliothek
Die Deutsche Nationalbibliothek verzeichnet diese Publikation in der Deutschen Nationalbibliografie; detaillierte bibliografische Daten sind im Internet über http://dnb.d-nb.de abrufbar.

ISBN 978-3-8319-0810-3

Text: Carmen Maria Poller, Düsseldorf
Titelfoto: ©sewcream - stock.adobe.com
Foto der Autorin: © privat
Lektorat: Sophie Niemann, Bad Bramstedt
Gestaltung: BrücknerAping Büro für Gestaltung, Bremen
Gesamtherstellung: CPI books GmbH, Leck

www.ellert-richter.de
www.facebook.com/EllertRichterVerlag